ACTIVIDADES LÚDICAS

PARA LA CLASE DE ESPAÑOL

CONCHA MORENO

JOSEFA GARCÍA NARANJO
ROSA GARCÍA PIMENTEL
ANTONIO JOSÉ HIERRO MONTOSA

Sociedad General Española de Librería, S. A.

Primera edición: 1999

Produce: SGEL-Educación
        Avda. Valdelaparra, 29 - 28108 Alcobendas (MADRID)

ISBN: 84-7143-772-4
Depósito legal: M-34.082-1999
Printed in Spain - Impreso en España

CUBIERTA: Erika Hernández
ILUSTRACIONES: Azul Comunicación
            Luis Carrascón

Composición: AMORETTI, S.F., S.L.
Impresión: SITTIC, S.L.
Encuadernación: F. MÉNDEZ, S.L.

CONTENIDO

INTRODUCCIÓN

Este libro **nace** de la recopilación de una serie de materiales empleados en clase con grupos heterogéneos y de distintos niveles. Es decir, **está basado en** la experiencia y ha sido probado y "aprobado" por los propios alumnos, los cuales, en muchos casos, lo han enriquecido con sus sugerencias y aportaciones.

Principios:

Partimos de ideas ya expuestas[1]:
— si algo te interesa, pones tu esfuerzo en aprenderlo;
— si, además, te permite expresarte, comunicarte con tu entorno, te interesará más;
— algo se interioriza si se repite, aunque no siempre de la misma manera;
— si presentamos el trabajo de forma divertida, contribuirá a despertar el interés. De esta manera, hemos cerrado un círculo, hemos conseguido que "la pescadilla se muerda la cola", como se llama una de nuestras actividades.

Por otra parte hemos tenido en cuenta que:
— **comprensión** no significa **asimilación**;
— debe darse integración de los alumnos dentro del grupo; por eso se sugiere que el docente recoja información personal en fichas; ésta le podrá servir para recrear las actividades;
— el hablar de sí mismo y del mundo conocido facilita la tarea de la práctica inconsciente y espontánea;
— no deben perderse de vista los gustos y preferencias de los alumnos;
— la creación de materiales propios hace que el alumno, por una parte, sea más consciente del contenido que está practicando y, por otra, se interese por las reacciones de sus compañeros;
— hay que tener en cuenta las reacciones de los alumnos, que hemos incorporado en algunas ocasiones para ampliar elementos culturales.

Objetivos:

Se han dirigido hacia distintas metas:
— pretendemos compartir nuestros hallazgos y con ello facilitar la tarea de nuestros colegas en la búsqueda de ideas y de materiales que se salgan de lo habitual; para ello están concebidos los tres índices;
— no proponemos actividades de relleno, sino que puedan servir para organizar una clase completa que incluya las cuatro destrezas a partir de los *items* de gramática, vocabulario o conversación;
— perseguimos la participación de los alumnos, tanto a la hora de expresarse, como a la de crear e imaginar sus propios materiales;
— queremos crear en nuestros alumnos un espíritu de complicidad que nos permita simular, inventar, jugar, reír y disfrutar aprendiendo;
— creemos que con todo ello se sentirán implicados y responsables de su proceso de aprendizaje, ya que, con este tipo de propuestas, disminuye el miedo al error y se activa la creatividad.

---

[1] Moreno García, C (1997) : "Actividades lúdicas para practicar la gramática", en **Carabela**, nº 41, pág.38. Madrid. SGEL.

Estructura y contenidos:

— el libro comienza con **tres índices**: *general; por niveles; por objetivos*, para ayudar al docente a seleccionar la actividad que necesita para el día siguiente o, incluso, para una sustitución repentina, sin correr el riesgo de encontrarse con que va a practicar algo que los alumnos no han visto;

— el material está dividido en **tres apartados clásicos**: *gramática, vocabulario y conversación*, para que el docente elija las actividades que mejor se adapten a un determinado segmento de su clase;

— no obstante, cada una de las actividades puede ser usada para trabajar cada uno de estos apartados;

— **los elementos culturales** están distribuidos a lo largo de las distintas actividades;

— presentamos **muestras de lengua reales** y pretendemos que los alumnos pacten con sus profesores que el tiempo y el espacio de las clases son tan reales como cualquier otro, a la hora de trabajar en equipo;

— cada actividad tiene **una página destinada al docente** con:

     — el procedimiento que se debe seguir;

Te veo así	
1. Clasificación:	Gramática
2. Destrezas: ✓ Comprensión oral. ✓ Expresión oral. ✓ Expresión escrita.	**3. Nivel:** ✓ Elemental
4. Duración: Una sesión de 50 minutos.	**5. Organización:** ✓ Toda la clase (primera parte). ✓ Individualmente (segunda parte).
6. Material: ✓ Cuadro para recoger la información (*vid.* MF-1) . ✓ Preguntas para el profesor-a (*vid.* MF-2). ✓ Cuadro de adjetivos para la descripción (*vid.* MF-3).	**7. Objetivos:** ✓ Lingüísticos: — Aprendizaje y práctica de algunas irregularidades del presente (*E > IE, verbo IR*): Pretendemos que el alumno se familiarice con dicha irregularidad fonética y ortográficamente. — Léxico relacionado con la descripción de personas. ✓ Comunicativos: — Preguntar y responder sobre hechos cotidianos. Manifestar la opinión (*Pienso que ..., porque ...*).

     — un ejemplo de lo ya realizado en clase;
     — observaciones y, en algunos casos, variantes.

En las páginas siguientes encontrará el material fotocopiable necesario para realizar la actividad.

Observaciones:

Actividades de gramática:
— están concebidas según los principios expuestos más arriba;
— tienen un contexto que permite añadirles otros elementos: cultura, vocabulario, etcétera..

— persiguen: *la repetición* para la interiorización de forma y estructura; *la amenidad* para que esa repetición no represente un castigo; *la implicación personal* de los alumnos;
— pueden y deben desembocar en la expresión oral espontánea que continúe después de la clase.

Actividades de vocabulario:
— no se presenta ni se trabaja aislado;
— no se trabaja sólo el vocabulario propuesto; en relación con la actividad surgen otras palabras que también se practican;
— está contextualizado; de este modo se puede enriquecer con otros elementos;
— se sugiere que en cada ocasión se aprovechen las reacciones de los alumnos para fijar y ampliar lo propuesto por la actividad;

Actividades de conversación:
— hemos querido salirnos del simple debate, aunque éste puede surgir de la exposición de los distintos puntos de vista;
— usamos materiales escritos de distinto tipo: literarios, periodísticos, párrafos de diccionarios, etcétera, pero no sólo para analizar las palabras desconocidas o averiguar la opinión del alumno;
— se usan *como pretexto para la actividad de expresión oral*: son los alumnos los que presentan la cultura de forma participativa (*Estaba prohibido*), analizan la manipulación periodística (*Compara la noticia*), o descubren y presentan la ideología que hay detrás de las épocas y la publicidad (*Antes y ahora*);
— hay menos dibujos porque nos basamos, sobre todo, en los textos escritos.

Para nuestros colegas de otras regiones o países:
— Somos conscientes de que las expresiones elegidas corresponden al idiolecto y a la tradición cultural de los autores. Sugerimos que, si lo consideran oportuno, las sustituyan por otras más cercanas a ellos.

Como decíamos al principio, cualquiera de las actividades propuestas puede servir para practicar todas las destrezas o ejercitar la gramática, sin llegar al debate. Con este libro, hemos querido proporcionar ideas y espíritu lúdico.

La directora y los autores.

Agradecimientos:

A Ángel Luis Montilla, nuestro paciente experto en informática.
A Martina Tuts, por sus críticas siempre constructivas.
A nuestros alumnos y alumnas, por su entusiasmo y colaboración.

1. Te veo así	

1. Clasificación:	Gramática

2. Destrezas: ✓ Comprensión oral. ✓ Expresión oral. ✓ Expresión escrita.	**3. Nivel:** ✓ Elemental

4. Duración: Una sesión de 50 minutos.	**5. Organización:** ✓ Toda la clase (primera parte). ✓ Individualmente (segunda parte).

6. Material: ✓ Cuadro para recoger la información (*vid.* MF-1). ✓ Preguntas para el profesor (*vid.* MF-1). ✓ Cuadro de adjetivos para la descripción (*vid.* MF-3).	**7. Objetivos:** ✓ Lingüísticos: — Aprendizaje y práctica de algunas irregularidades del presente (*E > IE, verbo IR*): Pretendemos que el alumno se familiarice con dicha irregularidad fonética y ortográficamente. — Léxico relacionado con la descripción de personas. ✓ Comunicativos: — Preguntar y responder sobre hechos cotidianos. Manifestar la opinión (*Pienso que ... porque...*)

Desarrollo de la actividad:

Semidirigida

1. Se le entrega a cada alumno la tabla que aparece en el MF-1. En la columna de la izquierda, donde se lee *Nombre,* deben escribir los nombres de todos los alumnos de la clase, excepto el suyo.

2. Se les explica que deben rellenar los cuadros con la información que cada alumno vaya dando cuando el profesor-a pregunte. Es importante aclararles que se van a hacer diferentes preguntas con cada verbo y que deben apuntar la información de manera escueta y rápida, pues las preguntas y las respuestas serán muy rápidas.

3. El docente empieza a preguntar y **todos los alumnos deberán contestar con una respuesta larga**; es decir, **deben hacer frases con verbo,** aunque se repitan las estructuras (*¿Dónde prefieres dormir? Yo **prefiero dormir** en la playa*). En el MF-2 aparecen las preguntas que se usan para que el desarrollo de la actividad se ajuste al tiempo propuesto arriba.

Los alumnos irán apuntando en la tabla la información de cada uno, de la siguiente forma:

Alumno	PREFERIR	IR	QUERER
María	— *dormir - playa* (...)	— *fin de semana - discoteca* (...)	— *vivir futuro- África* (...)

Si se prefiere, se les puede pedir que realicen ellos las preguntas, pero no recomendamos este procedimiento ya que alargaría demasiado la actividad y nos alejaría del objetivo principal: que los alumnos se acostumbren a algunas irregularidades comunes en la morfología del presente.

4. Cuando se hayan hecho todas las preguntas, cada alumno debe elegir a un compañero: el que más le guste, al que menos conozca, aquél cuyas respuestas le hayan gustado más, ...

5. Individualmente y por escrito los alumnos elaboran un pequeño texto sobre ese compañero, usando para ello frases iniciadas por *Pienso que* .... También deberán utilizar adjetivos para describir el carácter (*vid.* MF-3) de esa persona y justificar por qué piensan así. Para realizar las justificaciones se basarán en las respuestas que hayan dado en la primera parte de la actividad (*Yo pienso que María está un poco* **loca** *porque ella* **prefiere dormir** *en la playa. También pienso que es* **divertida** *porque* **va** *todos los fines de semana a la discoteca. Además pienso que es* **aventurera** *porque en el futuro* **quiere vivir** *en África*).

6. Se leen en voz alta todos los textos.

Ejemplo:

	PREFERIR	IR	QUERER
María	— *bailar en la calle* — *cenar con sus amigos* — *beber – refrescos*	— *fin de semana – discoteca* — *de vacaciones – con familia* — *autobús a la universidad*	— *viajar – Luna* — *vivir – África* — *trabajar – ningún sitio*

Yo pienso que María está un poco loca porque prefiere bailar en la calle en vez de en la discoteca. Pienso que ella es conservadora y sociable porque prefiere cenar con sus amigos y beber refrescos. Pienso que es aburrida pero práctica porque va en autobús a la universidad. Además pienso que es muy cariñosa y tradicional porque va de vacaciones con su familia. También pienso que es idealista y original porque quiere viajar a La Luna en el futuro. Pienso que es floja e inteligente porque no quiere trabajar en ningún sitio en el futuro. Para terminar pienso que es muy valiente porque quiere vivir en África.

Variantes:

Se puede realizar todo el ejercicio de forma oral. En este caso, se les dan a los alumnos uno o dos minutos para que piensen en adjetivos relacionados con las respuestas de cada uno. Pasado el tiempo, hablarán de cada compañero directamente, sin haber escrito las frases completas.

Observaciones:

Ofrecemos otras preguntas por si el docente considerase oportuno cambiarlas o ampliarlas (*vid.* MF-4).

MF-1: Tabla para el alumno:

Nombre	PREFERIR	IR	QUERER
Ej.:María	*— Estudiar en la cama.*	*— Ir de vacaciones con su familia.*	*— Trabajar en Chile.*

OBSERVACIONES:

MF-2: Preguntas para el profesor:

Con PREFERIR	Con IR	Con QUERER
— ¿Dónde prefieres leer? — ¿Con quién prefieres cenar? — ¿Qué prefieres beber? — ¿Dónde prefieres dormir? — ¿Dónde prefieres bailar? — ¿Con quién prefieres viajar?	— ¿A dónde vas los fines de semana? — ¿Con quién vas de vacaciones? — ¿Cómo vas al trabajo? — ¿Qué vas a hacer el año próximo? — ¿A dónde vas a comer normalmente?	— ¿Dónde quieres vivir en el futuro? — ¿Con quién quieres compartir tu vida? — ¿Dónde quieres trabajar en el futuro? — ¿A dónde quieres viajar en el futuro? — ¿Qué quieres hacer en el futuro?

MF-3: Adjetivos para describir el carácter:

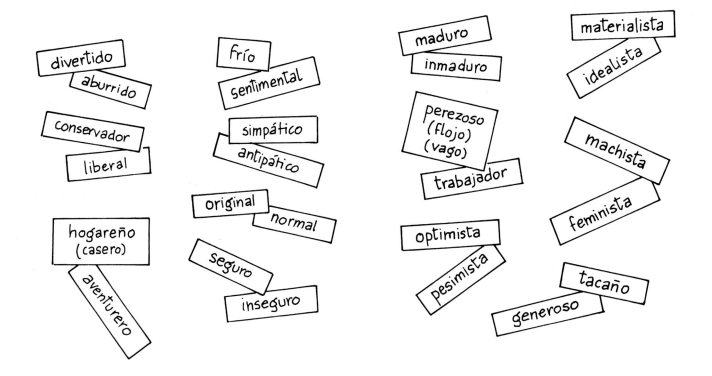

MF-4: Otras preguntas para el profesor:

Con PREFERIR	Con IR	Con QUERER
— ¿Dónde prefieres trabajar? — ¿Qué prefieres hacer en tu tiempo libre? — ¿Qué prefieres comer en Navidad? — ¿Con quién prefieres trabajar o estudiar?	— ¿A dónde vas en tu tiempo libre? — ¿Con quién vas a casarte? — ¿Con quién vas a divertirte normalmente? — ¿Con quién vas a trabajar? — ¿Con quién vas de compras?	— ¿Para qué empresa quieres trabajar en el futuro? — ¿Qué coche quieres tener? — ¿Cuántos hijos quieres tener? — ¿Cuánto dinero quieres ganar? — ¿Cuántos países quieres conocer sin falta?

2. Mi habitación

1. Clasificación:	Gramática

2. Destrezas: ✓ Comprensión oral. ✓ Expresión oral.	**3. Nivel:** ✓ Elemental.
4. Duración: Una sesión de 50 minutos.	**5. Organización:** ✓ Toda la clase (primera parte).
6. Material: ✓ Folios en blanco, lápices. ✓ Dibujos de paisajes para variante del nivel medio (*vid.* MF- 1). ✓ Dibujos de diferentes modelos de casas para variante de nivel superior (*vid.* MF-2).	**7. Objetivos:** ✓ Lingüísticos: Práctica de SER, ESTAR y HAY. — Uso de preposiciones básicas, adverbios y locuciones para definir, localizar y situar. — Aprendizaje del vocabulario relacionado con la CASA. ✓ Comunicativos: Aprender a describir: caracterizar, definir y situar.

Desarrollo de la actividad:

Semidirigida

1. El docente reparte folios en blanco a los alumnos.

2. Les dice que deben describir oralmente su habitación. Se recomienda que describan la habitación del país de origen, con el fin de que haya más variedad. Se darán cinco minutos para que cada uno piense y ordene sus ideas.

3. Transcurrido el tiempo, se elige a un alumno al azar. Empieza a describir su habitación y, mientras, los demás deberán dibujar lo que él describa. Se les explica que no pretendemos perfección en los dibujos, pero sí en la localización y en la aparición de todos los detalles que cada uno describa. Si alguno no es capaz de pintar algo, puede utilizar palabras o letras en su lugar.

4. Al final de la descripción, el alumno elige el dibujo que más se parezca a su habitación real: Aquel cuyo dibujo sea elegido será ahora el que tiene que describir. Y así, hasta que toda la clase haya hablado.

Si el grupo es muy numeroso, se recomienda realizar la actividad por parejas, con el fin de no aburrir a los alumnos con tantas descripciones: un alumno describe y el otro, sentado enfrente, dibujará. El profesor-a irá pasando por los diferentes grupos para supervisar el desarrollo correcto de la actividad.

5. Se puede hacer un comentario final sobre las diferencias entre los dibujos y las descripciones: por qué se han producido, cuáles han sido los errores gramaticales más comunes, etc. Este punto dependerá de la clase. Se deja al criterio del docente el llevarlo a cabo o no.

Ejemplo:

Mi habitación es pequeña, pero muy bonita. Al entrar, a la derecha, hay una mesa con un ordenador y una impresora. El monitor está en el centro de la mesa y delante de él está el teclado; a la izquierda está la unidad y a la derecha del monitor está la impresora. Al lado de la mesa del ordenador hay una estantería alta y ...

Variantes:

— En el Nivel Básico se pedirá a los alumnos que describan el plano general de su casa.
— En el Nivel Medio se ofrecen una serie de paisajes (*vid.* MF- 1) para realizar la actividad practicando otros campos semánticos y otros contenidos lingüísticos.
— En el Nivel Superior ofrecemos fotografías de casas (*vid.* MF-2) y proponemos una explotación añadida al resto de los contenidos. Además de la descripción de cada una, se puede organizar un debate sobre diferentes tipos de construcción, decoración, etcétera.

Observaciones:

Es muy recomendable que el vocabulario necesario para la actividad se haya dado días antes de su realización, para no agobiar a los alumnos y para asegurar un resultado positivo. El día de la actividad debe pretenderse sólo la práctica de la descripción.

La experiencia nos ha enseñado que esta práctica es muy útil para corregir errores básicos, pero importantes a la hora de describir. Algunos alumnos, por ejemplo, confundían la derecha con la izquierda , o arriba con abajo, y luego no han vuelto a fallar.

MF-2: Variante para el nivel superior:

3. ¡Eres más bueno que el pan!	
1. Clasificación:	Gramática

2. Destrezas: ✓ Comprensión oral. ✓ Expresión oral. ✓ Expresión escrita.	**3. Nivel:** ✓ Elemental. ✓ Básico.
4. Duración: Una sesión de 50 minutos.	**5. Organización:** ✓ Toda la clase (primera parte). ✓ Por parejas (segunda parte)
6. Material: Tarjetas con las expresiones dibujadas (*vid.* MF- 1) ✓ Dibujo de nuestro personaje (*vid.* MF-2).	**7. Objetivos:** ✓ Lingüísticos: — Práctica de las diferentes estructuras para la comparación (*más .... que, tan.... como, to, -a, -os,-as ...... como, menos ....que*). — Práctica del presente y de los verbos *ser y estar.* Aprendizaje y práctica de adjetivos para la descripción física y para el carácter. ✓ Comunicativos: Aprender o practicar la caracterización de personas. ✓ Culturales: Aprendizaje y práctica de algunas expresiones y frases hechas relacionadas con la caracterización.

Desarrollo de la actividad:

Semidirigida

1. El docente reparte las expresiones dibujadas (*vid.* MF- 1). Explica a los alumnos que en español son muy usuales las estructuras comparativas para describir situaciones o a personas y que estas estructuras, en muchas ocasiones, se han convertido en frases hechas.

2. Los alumnos deberán intentar adivinar cuál es la expresión dibujada. Es importante recordarles que todas las expresiones están construidas con la estructura gramatical comparativa *más ...que.* Ellos deben usarla también. Las expresiones dibujadas son: *Ser más listo que un zorro, Estar más solo que la una, Estar más rojo que un tomate, Tener más cara que espalda, Estar más sordo que una tapia, Dormir más que un tronco.*

3. Cuando se hayan encontrado todas las expresiones, el profesor entrega la fotocopia de nuestro personaje (*vid.* MF-2). Se describirá entre **toda la clase** usando estructuras comparativas. Tienen que ser descripciones simpáticas y frases graciosas y creativas. Los alumnos participarán libremente y de forma oral, hasta que "nuestro amigo" haya quedado descrito. **Se debe incitar a los alumnos a usar todas las estructuras:** *más ... que, menos .... que, tan... como, tanto ... como, ...(Es más largo que un mes sin dinero, tiene los ojos tan grandes como una catedral, etc.)....*Si en alguna ocasión el alumno dice una expresión aproximada a alguna que exista en español, aconsejamos que se aproveche el momento para enseñarla. La experiencia nos dice que va a ocurrir bastante a menudo.

4. Tras esta fase, se coloca a los alumnos por parejas. Cada pareja elegirá a una o dos personas de la clase y la(s) describirá física y psíquicamente de la misma forma y por escrito. El docente debe decir que se pueden usar todos los elementos pertenecientes a esa persona: la ropa, los

amigos, las cosas que hace, ... y no sólo sus características *(Tiene más novias que Brad Pitt, sale más que el portero de un hotel, ...).*

5. Se leen todas las descripciones en voz alta y, si se desea, pueden colgarse en la clase.

Ejemplo:

Este hombre es más flojo que un sofá y menos activo que un reloj sin pilas. Habla más que la tele y tiene más kilos que una vaca suiza. Su mujer está más harta de él que los alumnos de las clases de gramática. Por las tardes sus hijos ven más películas que los directores de Hollywood.

Variantes:

Para fijar las estructuras practicadas, el profesor-a puede pedir a los alumnos que realicen la descripción de una persona querida (novio, novia, madre, padre, hermano-a, ...). En este caso las comparaciones deben ser serias y bellas. (Ejemplo: *Sus ojos son tan brillantes como el sol. Su pelo es más negro que el carbón y su boca es tan roja como una fresa).* Este trabajo sería para realizar en casa o en otro momento, como repaso.

Observaciones:

El alumno aprende estructuras gramaticales muy usuales de forma amena y divertida. El docente puede iniciar con esta actividad una carpeta de cada alumno, que posteriormente puede ampliarse con otras actividades (sobre gustos, aficiones, opiniones,...). Se recomienda seguir este procedimiento con alumnos con los que se va a compartir un largo período de tiempo, pues favorece el conocimiento y crea un buen ambiente de trabajo.

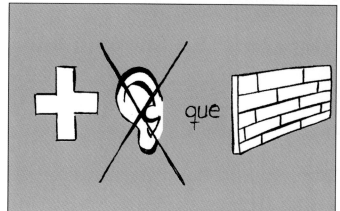

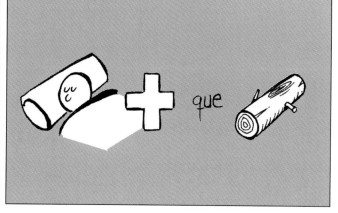

4. El dominó de la lengua	
1. Clasificación:	Gramática

2. Destrezas: ✓ Comprensión oral. ✓ Expresión oral. ✓ Expresión escrita.	**3. Nivel:** ✓ Elemental. ✓ Básico.
4. Duración: Una sesión de 50 minutos.	**5. Organización:** ✓ Grupos de tres personas.
6. Material: ✓ Dos juegos de fichas (*vid.* MF- 1 y 2). ✓ Una mesa grande (la del profesor).	**7. Objetivos:** ✓ Lingüísticos: — Practicar estructuras básicas de frases con presente, ser y estar. — Practicar la formación de preguntas con diferentes pronombres interrogativos. — Práctica con las preposiciones básicas. ✓ Comunicativos: Construir frases y preguntas coherentes. ✓ Culturales: Conocimiento de un juego típico español.

Desarrollo de la actividad: *Libre*

1. El docente fotocopia los dos tableros de fichas que se presentan en el MF. Con estos dos tableros juega un máximo de seis alumnos (tres para cada tablero). Si hay más de seis, se harán tantas fotocopias de cada tablero como dominós se necesiten: con doce alumnos, se necesitan dos fotocopias de cada tablero de fichas para que haya cuatro *dominós* en la clase; si hay quince, se necesitan cinco tableros (dos de uno y tres de otro) . El profesor-a recorta todas las fichas. **Es muy importante no mezclar los diferentes tableros, ya que cada uno está pensado para formar un tipo de frases.**

2. Se divide a la clase en grupos de dos o tres personas (máximo). A cada grupo se le entrega un juego de fichas diferentes.

3. Se explica el procedimiento del juego, que es el mismo del dominó.

Instrucciones para los que no sepan jugar al dominó:

— Se ponen las fichas boca abajo en la mesa. Cada uno debe coger siete fichas. El resto se queda sobre la mesa para ir robando cada vez que un alumno ponga una.

— Inicia el juego quien tenga los elementos necesarios para empezar una frase gramaticalmente correcta. Este alumno, por el hecho de empezar la frase, se lleva cinco puntos. (Ejemplo: *Vengo de // ¿Cuántas veces?).* Cuando haya puesto la ficha, deberá robar otra de las que están sobre la mesa.

— Continua el que esté sentado a su derecha. Debe seguir la frase iniciada por el otro (o empezar otra frase, cuando el juego esté más avanzado). Siempre hay que unir las fichas: no se puede romper la conexión. (Ejemplo: La frase *Vengo de...,* podría continuarse con *...mi casa,* o podría unirse por la parte de *Vengo* con... *a preguntar,* pero no sería correcto , por ejemplo, unir *Vengo de...* con *...a mi*) Si un alumno no puede continuar, pasará el turno al de la derecha. (Ejemplo válido de continuación: *Vengo de mi casa a preguntar.* No sería correcto continuar la frase con *Vengo de mi casa ciudad para*) .

— El juego termina cuando, después de haber robado todas las fichas que haya sobre la mesa, algún alumno no tenga fichas. Dicho alumno obtiene diez puntos por haber terminado el primero.

4. Cuando los dos grupos hayan terminado la primera ronda de juego, se intercambiarán los tableros para jugar la segunda con otro tablero diferente y, por tanto, con otro tipo de frases.

5. *Instrucciones para jugar y puntuar con nuestro dominó:*

El *Tablero A* está pensado para hacer frases afirmativas y, además de los puntos generales que se obtienen por empezar o terminar el juego, se seguirán los siguientes criterios para obtener puntos adicionales:

— Quien termine de construir más frases completas, obtiene quince puntos adicionales. Para ello, es necesario que cada alumno vaya apuntando en un papel, las frases que termine. — Por completar se obtienen cinco puntos.	— Por cada frase gramaticalmente incorrecta se quitan cinco puntos. — Por hacer la frase más larga se obtienen cinco puntos.

El *Tablero B* está pensado para construir frases interrogativas. Se seguirán los siguientes criterios, además de los propios del juego:

— El que termine de construir una pregunta correcta obtiene cinco puntos. — El primero que responda a cada pregunta que se forme, obtiene cinco puntos.	— Por cada frase interrogativa incorrecta se pierden cinco puntos. — Quien consiga terminar de construir más cantidad de preguntas correctas, obtiene quince puntos adicionales.

6. El juego se cierra cuando se hayan terminado las dos rondas El alumno que haya conseguido más puntos será el ganador. Aunque los mismos alumnos anotarán exhaustivamente los puntos (son los mejores jueces), también es conveniente llevar el recuento en la pizarra.

Ejemplo:

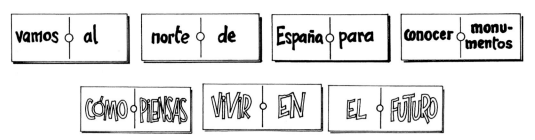

Variantes:

Ofrecemos un tablero especial para los niveles muy bajos, con posibilidad de crear frases muy simples (*vid.* MF- 3).

MF-1: Tablero A:

ciudad · para	amiga · viene	a · mi	conocer · monu-mentos
vengo · de	es · mi	tres · de	nueva · casa
ciudades · impor-tantes	el · cuatro	Univer-sidad · porque	a · pre-guntar
mi · casa	a · México	de · agosto	de · vaca-ciones
por · la	vamos · al	quiero · andar	visitar · las
marzo · hasta	hasta · la	cumple-años · es	norte · de
por · una	España · para	desde · el	muy · diver-tido

MF-2: Tablero B:

LA · VIDA	A · QUÉ	CÓMO · PIENSAS	ES · HISPANO-AMÉRICA
TE · GUSTARÍA	PAÍS · QUIERES	TUS · PLANES	ES · RIDÍ-CULA
PERSONAS · QUE	CONSI-DERAS · LAS	ES · UN	CON · QUIÉN
ESTÁS · CANSADO	EN · QUÉ	PARA · EL	CUÁNDO · PIENSAS
HABLAN · DANÉS	DE · DÓNDE	MÁS · ATENTAS	UNA · LLAVE
TU · VIDA	EL · FUTURO	EN · QUÉ	PARA · QUÉ
DÓNDE · ESTÁ	CUÁLES · SON	VIVIR · EN	VIVEN · LAS

MF-3: Tablero para variante:

YO ⊙ VEO	ESTÁ ⊙ ROTA	A ⊙ LA	NO ⊙ FUNCIONA
SON ⊙ ITALIANOS	ES ⊙ INTELIGENTE	VUESTROS ⊙ AMIGOS	NIÑA ⊙ RUBIA
ESTÁ ⊙ CANSADA	ESTÁN ⊙ EN	ES ⊙ ALTA	EL ⊙ CENTRO
LA ⊙ TELE	HARTOS ⊙ DE	HAY ⊙ MUCHAS	ES ⊙ NEGRA
ESTUDIAR ⊙ ESPAÑOL	NUEVE ⊙ VENTANAS	FIESTAS ⊙ EN	UNA ⊙ CAFETERÍA
MUCHO ⊙ TRABAJO	OCHO ⊙ LIBROS	LOS ⊙ MÉDICOS	ES ⊙ MALO
EN ⊙ LA	NUESTRA ⊙ CASA	ESTANTERÍA ⊙ DE	

5. Los disparates

1. Clasificación:	Gramática

2. Destrezas: ✓ Comprensión oral. ✓ Expresión oral.	**3. Nivel:** ✓ Básico.
4. Duración: 25 minutos.	**5. Organización:** ✓ Toda la clase.
6. Material: ✓ Algunos modelos de preguntas (*vid.* MF-1 y MF-2).	**7. Objetivos:** ✓ Lingüísticos: — Práctica de los estilos directo e indirecto (con los consecuentes cambios de verbos, pronombres) con estructuras del tipo *Dice que.., Me pregunta que..., Me responde que ..., Me ha preguntado que..., Me ha respondido que....* — Práctica de la ordenación de la frase para la interrogación. ✓ Comunicativos: Aprender a preguntar y a responder. ✓ Culturales: Enseñar a los alumnos juegos populares españoles.

Desarrollo de la actividad:

Libre, sin preguntas/ Semidirigida, con preguntas

1. El docente hace una pregunta al oído al alumno que tiene a la derecha y éste contesta, también en secreto. Después ese alumno hace otra pregunta a su compañero y éste la responde. Así sucesivamente, hasta que todos los alumnos pregunten y sean respondidos.

Es necesario avisar que cada uno tiene que recordar la pregunta que le hacen y la respuesta que da su compañero.

2. El profesor-a une la pregunta que le ha hecho el último de los alumnos con la respuesta que le dio el primero, y ahí está el disparate: preguntas y respuestas sin sentido o con un nuevo sentido, distinto al original. Todos los alumnos harán lo mismo: unir la pregunta que les hizo el compañero de la izquierda con la respuesta que les da el de la derecha. Todas las intervenciones irán introducidas por frases del tipo: *Jon me ha preguntado (me pregunta) que cuántos años tengo y Peter me ha respondido (me contesta) que dos.*

Es aconsejable que se dé a cada alumno una fotocopia de las preguntas que se proponen (*vid.* MF-1). No debemos olvidar que el objetivo principal de la actividad es practicar el estilo indirecto. Si se les ofrecen algunos ejemplos, evitaremos que la actividad fracase porque los alumnos digan frases del tipo *Es que yo no sé qué preguntar, no tengo imaginación...*

Ejemplo:

Damos un ejemplo, imaginando que son cuatro los alumnos que participan. Identificamos a cada alumno con una letra (A, B, C, D):

1º Parte: Cada alumno hace una pregunta al oído:

A: *¿Cuál es tu color favorito?*
B: *El rojo.*
B: *¿Cuál es tu comida favorita?*
C: *La pizza.*
C: *¿Cuántos años tienes?*
D: *Veinte.*
D: *¿Cuántos años llevas estudiando español? (...). ....*

2ª parte: Habla cada alumno:

B: *A me ha preguntado que cuál es mi color favorito y C me ha respondido que la pizza.*
C: *B me ha preguntado que cuál es mi comida favorita y D me ha respondido que veinte.*
D: *C me ha preguntado que cuántos años tengo y E ha respondido que dos. (...) ....*

Variantes:

— Para los niveles más altos, se puede decir a los alumnos que utilicen el estilo directo libre, indicándoles además que hagan preguntas en pasado.
— Un juego muy popular en España y que puede utilizarse como variante del anterior es "El teléfono" (*vid.* MF-2):

1º El docente dice una frase al oído del alumno que tiene a su derecha. Este se la repite a su compañero, y así hasta terminar la rueda. Hay que avisar a los alumnos que la frase no se podrá repetir; sólo la podrán escuchar una vez.

2º El último dice en voz alta la frase que ha recibido y se comprueba si es la misma del principio. Si no es así, como ocurre normalmente, se le pregunta al anterior, y al anterior, hasta averiguar quién ha tergiversado el mensaje.

3º El que haya cambiado el mensaje pasa al final, y se reanuda el juego con otra frase.

Ejemplo: Frase para nivel intermedio que se ha puesto en práctica en clase:
Queremos que lo paséis bien y que no bebáis muchas cervezas todos los días.
Frase final:
Queremos beber cervezas todos los días.
Había siete alumnos en la clase. El que empezó a cambiar la frase fue el tercero y pasó al final del círculo.

Las preguntas que se ofrecen para este juego están clasificadas por niveles y poseen alguna estructura gramatical que se pretende fijar.

MF-1: Modelos de preguntas para los distintos niveles:

Nivel Elemental:

> ¿Cómo te llamas?
> ¿Cuántos años tienes?
> ¿Cuántas veces comes al día?
> ¿Cuántas veces sales a la semana?
> ¿Qué haces los domingos por la mañana?
> ¿A dónde vas los viernes por la noche?
> ¿Cuántas veces visitas al señor Roca?
> ¿Cuántos bares conoces en España?
> ¿Cuántas veces al día comen los españoles?
> ¿Qué bebes normalmente cuando sales?
> ¿Qué tomas cuando te duele la cabeza?
> ¿Cómo se llama el lugar de la casa donde nos duchamos?
> ¿Cómo se llama el lugar de la casa donde dormimos?
> ¿Cuántas horas de televisión ves al día?
> ¿Cómo se llama el cantante más famoso de tu país?
> ¿Cómo se llama tu profesor-a?

Nivel Medio:

> ¿Cuándo saliste la última vez?
> ¿Cuándo naciste?
> ¿En qué año viniste a España por primera vez?
> ¿Qué dices si alguien te dice Hola?
> ¿Cómo fue tu primer viaje?
> ¿Qué recuerdas de tu primer amigo?
> ¿En qué medio de transporte extraño te gustaría viajar?
> ¿Cómo ibas al colegio cuando eras pequeño-a?

Nivel Superior:

> ¿Qué le dices a una persona que te pregunta ¿Cómo te llamas?
> ¿Qué le aconsejas a un amigo que bebe demasiado?
> ¿Qué prefieres hacer cuando estás triste?
> ¿Qué dices a un alumno que está hablando demasiado en la clase y no te deja oír?
> ¿Qué pensaste la primera vez que entraste en esta clase?
> ¿Qué te gustaría comer si estuvieras ahora en un restaurante?
> ¿Cuál es la parte de la gramática española que más odias?
> ¿Por qué?

MF-2: Modelos para la variante *El teléfono*:

Nivel Elemental:

La casa de mi hermana tiene cuatro dormitorios y un estudio muy soleado.
Me gusta pasear por la orilla del mar.
Los alumnos están sentados a la puerta de la clase.
Los españoles son tan divertidos como los italianos.
Las tapas en Andalucía son tan buenas como en Castilla.
El guacamole es una comida mexicana muy sabrosa.
Los médicos son unas personas que nos curan cuando estamos enfermos.
Me levanto todos los días muy temprano porque me gusta madrugar.
Los animales que más me gustan son los perros.
Los alemanes son tan simpáticos como los franceses.
Mis amigos argentinos conocen España porque tienen una casa en Marbella.

Nivel Medio:

Madrid ha sido elegida Capital Cultural de Europa porque tiene muchos museos.
Los europeos del norte siempre han viajado más que los españoles.
Quiero que os calléis y escuchéis las frases que dicen los alumnos.
Cuando estaba viendo la tele, ocurrió algo sorprendente: el locutor empezó a hablarme.

Nivel Superior:

Mi profesor me dijo que visitara todas las ciudades que pudiera.
Las personas de las que habla esa novela vivieron en el siglo XVIII.
Si me hubiera cortado el pelo, ahora no lo tendría estropeado.
A quien madruga, Dios le ayuda.
Más vale pájaro en mano que ciento volando.
No por mucho madrugar amanece más temprano.
Perro ladrador, poco mordedor.

6. Nuestra historia

1. Clasificación: | Gramática

2. Destrezas: ✓ Comprensión oral. ✓ Expresión oral. ✓ Expresión escrita.	**3. Nivel:** ✓ Básico. ✓ Medio.
4. Duración: 25 minutos para la parte oral y 20 minutos para la escrita.	**5. Organización:** ✓ Toda la clase (para la parte oral). ✓ Trabajo individual (para la parte escrita).
6. Material: ✓ Tarjetas de dibujos (*vid.* MF). ✓ Folios en blanco y rotuladores.	**7. Objetivos:** ✓ Lingüísticos: Práctica de los pasados y de los conectores temporales. ✓ Comunicativos: Contar una historia ordenadamente.

Desarrollo de la actividad:

Libre, sin dibujos / Semidirigida, con dibujos

1. Se pide a los alumnos que digan un lugar, una fecha (día, año, estación), un famoso, una famosa, un chico de la clase, una chica, un medio de transporte, un suceso peligroso (incendio, terremoto, ...). El profesor puede utilizar las tarjetas que más le convengan o dejar a los alumnos que escojan una o dos de cada grupo. En el MF aparecen dibujos de diferentes personajes famosos, medios de transporte, sucesos y acciones, para sugerir ideas a los alumnos (*vid.* MF-1, 2, 3, 4). El docente va escribiendo en la pizarra los elegidos.

2. Entre todos construimos la historia de la clase: un alumno empieza a hablar y cuando quiera, o cuando no sepa qué decir, pasa la historia a otro, diciendo: *Pasa la bola a ...,* y el alumno mencionado debe continuar. La historia se corta cuando hayan aparecido todos los elementos que hay en la pizarra: el lugar, el famoso,... (como mínimo).

   Si en algún momento la historia queda parada, el profesor-a puede "coger la bola" e introducir algún elemento curioso o gracioso, o algún conector que quiera practicar.

3. La historia se deja sin terminar y se hace un concurso de finales originales. Cada alumno lo hace por escrito. Si el grupo es muy numeroso, se hacen grupos para que cada uno construya un final. Tras la escritura, se leerán en voz alta todos los finales y se votará el más original o simpático.

Ejemplo:

En una ciudad de Europa había **una chica muy guapa**. Era morena, delgada y muy alta y tenía el pelo largo y rizado. Sus ojos eran azules y achinados. Esta chica estaba enamorada de ..... *(Pasa la bola a ....) ......(Sigue otro alumno)*- Estaba enamorada del famoso actor **Antonio Banderas**. Lo había conocido en un **concierto de música** que hubo un día **en un bar** del centro de París y ..... *(Pasa la bola a ....) ...(Sigue otro alumno)*. En aquel pub empezaron a hablar porque los dos eran españoles y quedaron para visitar un museo que había cerca de **la torre Eiffel**, ... *(Pasa la bola a...) ....(Sigue otro alumno)* El museo estaba en un edificio muy alto, que tenía un ascensor exterior. Se encontraron en la puerta, subieron en el ascensor y, de pronto, ...*(Pasa la bola a ...) (Sigue otro alumno)* ... el ascensor empezó a echar **humo** y ...

Ya están incluidos todos los elementos obligatorios. Ahora se hace el concurso de finales por escrito.

Ejemplo real: *Antonio Banderas se quitó la chaqueta y apagó el fuego. Luego, como el ascensor se había parado, inventó algo para escapar, como Mc Giver: con la ropa de la chica, que era muy alta, fabricó una cuerda. Rompió el cristal del ascensor y salieron escalando. La gente, abajo, miraba sorprendida y empezaron a aplaudir a los héroes.*

Variantes:

Para los niveles bajos: Práctica del presente.
Para los niveles superiores: Insistir en la utilización de conectores específicos.

Observaciones:

Para el desarrollo con éxito de la actividad es necesario que los alumnos conozcan todos los pasados y que también estén familiarizados con los conectores temporales del discurso. Si se utiliza la misma sesión para explicar estos contenidos, la actividad resultará difícil y pesada.

En algunas clases los alumnos elaboraron un mural para contar el final de la historia.

MF-1: Famosos:

MF-2: Sucesos:

MF-3: Medios de transporte:

MF-4: Acciones:

7. ¿Los vecinos?

1. Clasificación:	Gramática

2. Destrezas: ✓ Comprensión oral. ✓ Expresión oral. ✓ Expresión escrita.	**3. Nivel:** ✓ Medio.
4. Duración: Una sesión de 50 minutos.	**5. Organización:** ✓ Individual. ✓ En grupo.
6. Material: ✓ Dibujo de un edificio (*vid.* MF-1). ✓ Tarjetas de inquilinos (*vid.* MF-2).	**7. Objetivos:** ✓ Lingüísticos: — Práctica del condicional y el subjuntivo: *Me molestaría que...No me importaría que viviera enfrente.* — Causales: *porque., puesto que.* ✓ Comunicativos: Manifestar opinión, argumentar. ✓ Culturales: Aspectos culturales relacionados con la educación en diferentes paises.

Desarrollo de la actividad:

Semidirigida

1. El docente entrega el MF-1 (sin recortar) y el MF-2, recortado en tarjetas, para que los alumnos puedan manejarlas. Se solucionan las posibles dudas léxicas de profesiones y de objetos.

2. Se pide a los alumnos que imaginen que esa va a ser su casa. Deben colocar la tarjeta blanca donde ellos quieran vivir; las otras, donde vayan a vivir sus vecinos

3. Cuando todos los alumnos hayan colocado las tarjetas, deberán explicar en voz alta su decisión usando las siguientes estructuras y explicando por qué:

Me molestaría mucho, poco, bastante, porque... *Me importaría mucho, poco...* *porque...*	*No me importaría nada...* *porque...* *No me molestaría nada ...* *porque...*	*Me daría igual ...* *porque...* *Me daría lo mismo...* *porque...*

4. Los compañeros deben hacer preguntas sobre la ubicación que elija cada alumno y ponerlo en situaciones límite. Para ello pueden usar la estructura del presente en frases del tipo *¿Que haces si ....?*

Se sugieren las siguientes situaciones por si el alumno las necesitara. También pueden crearlas ellos mismos:

1. Sale una mancha en el cuarto de baño del alumno.
2. El perro del vecino se orina sistemáticamente en la puerta de la casa del alumno.
3. Mañana hay un examen importante y los vecinos tienen una fiesta.
4. El alumno necesita hacer una llamada urgente y no tiene teléfono.
5. Es de noche, no hay luz en casa del alumno y tiene que pedir una bombilla.
6. El alumno está cansado después de un día de trabajo, y un vecino está de mudanza.
7. No tiene bombona y necesita ducharse para ir a una entrevista de trabajo.
8. El alumno pierde la llave de su casa.
9. No hay televisión en casa del alumno y retransmiten un partido importantísimo de fútbol o de baloncesto.
10. Con los golpes de la obra de un vecino se han roto los azulejos de la casa del alumno.

5. Cuando todos los alumnos hayan expuesto sus decisiones, se les pide que cuenten por escrito las experiencias reales con sus vecinos en su país de origen y también en el país donde aprenden el idioma. En otra sesión, el profesor-a entrega las redacciones corregidas y se pueden comentar oralmente las experiencias escritas.

Ejemplo:

— *No me importaría tener como vecina a una modelo, porque siempre está viajando y nunca está en casa.*

— *Y si quieres estar tranquilo, ¿por qué no prefieres tener como vecino a un escritor?*

Situación límite:

— *Imagina que un día tu vecina, la modelo, viene a pedirte un gato para cambiar la rueda de su coche.*

— *Yo no tengo gato, pero bajo a casa de otro vecino a pedirle uno, y se lo presto.*

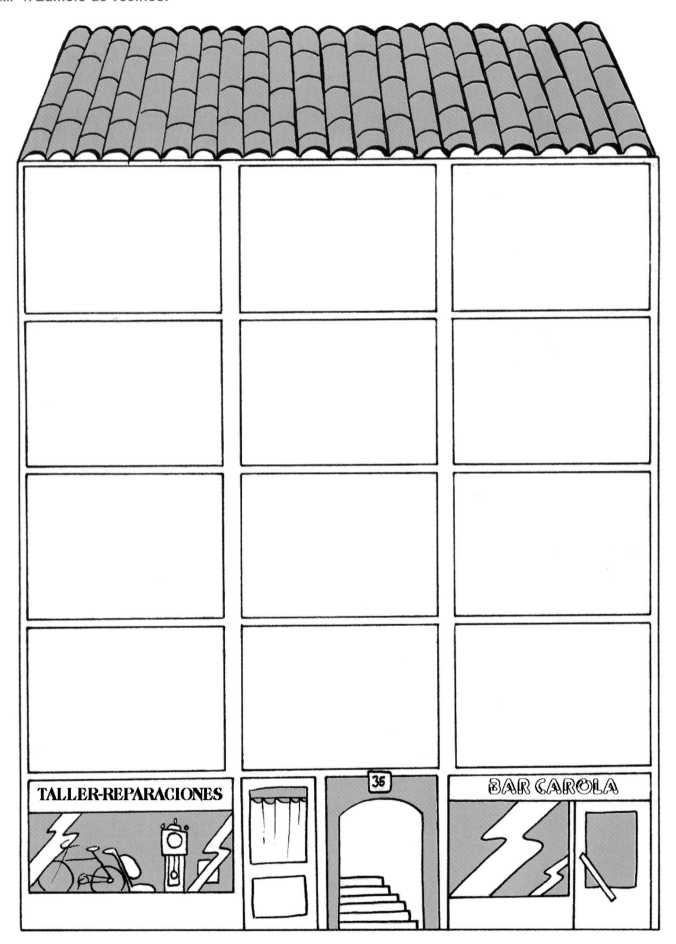

8. Nos gusta que te guste

1. Clasificación:	Gramática

2. Destrezas: ✓ Expresión escrita. ✓ Expresión oral. ✓ Comprensión escrita. ✓ Comprensión oral.	**3. Nivel:** ✓ Medio.

4. Duración: Dos sesiones de 50 minutos.	**5. Organización:** ✓ Toda la clase (primera parte). ✓ Por parejas (segunda parte).

6. Material: ✓ Dibujos para encadenar (*vid.* MF-1). ✓ Poema *Elle* (*vid.* MF-2)	**7. Objetivos:** ✓ Lingüísticos: — Práctica de las estructuras subordinadas sustantivas (*Está claro que..., No está claro que..., Me gusta que..., No me gusta que...*) ✓ Comunicativos: — Relacionar correcta y coherentemente palabras y oraciones. Manifestar gustos y opiniones.

Desarrollo de la actividad:

Semidirigida

1. El docente explica que se va a realizar una actividad de creación de frases a través de dibujos. Las frases se irán encadenando unas con otras, utilizando la última palabra de una para el principio de la siguiente. (La última palabra de la segunda, para empezar la tercera, la última de la tercera, para empezar la cuarta, ... y así sucesivamente).

2. Se entrega la primera parte del MF (*vid.* MF-1), que está dividida en dos cuadros: los dibujos del primer cuadro se utilizarán para construir frases iniciadas por *Está claro que* ...; los dibujos del segundo cuadro sirven para hacer frases empezadas con *No está claro que* ...

Se pretende que los alumnos entiendan en esta primera parte de la actividad qué significan "frases encadenadas", al mismo tiempo que practican las estructuras *Está claro que* + indicativo, y *No está claro que* + subjuntivo (¿indicativo?).

Los dibujos son tan evidentes y claros que el alumno entiende perfectamente por qué usar indicativo o subjuntivo.

3. Una vez terminadas todas las frases, se corrigen en voz alta. Cada alumno lee una.

4. El profesor-a entrega el poema (*vid.* MF-2). Se lee y se aclaran las dudas léxicas. Los alumnos pueden manifestar su acuerdo o desacuerdo con dichas opiniones.

5. A continuación se les pide que elaboren libremente un poema parecido, basándose en su opinión y utilizando las cuatro estructuras de oraciones subordinadas sustantivas aprendidas: *Está claro que ..., No está claro que ..., Me gusta que ..., No me gusta que ...* Conviene que esta parte se haga por parejas, para que los alumnos tengan que contrastar opiniones oralmente antes de escribir.

6. Se procede a la lectura en voz alta de todos los poemas.

Ejemplo:

Primera parte:

Está claro que el coche es un medio de transporte.
Está claro que los medios de transporte están en la Tierra.
Está claro que la Tierra tiene un agujero en la capa de ozono.
Está claro que el agujero de la capa de ozono puede producir la muerte (la destrucción,...).

Segunda parte:

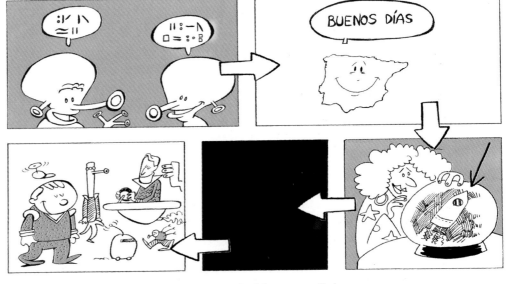

No está claro que los extraterrestres hablen español.
No está claro que el español sea la lengua del futuro.
No está claro que el futuro vaya a ser negro.
No está claro que el negro sea el color de moda en el futuro.

Variantes:

Esta actividad puede realizarse también en los niveles superiores, ampliando, si se quiere, el número de estructuras (*Es obvio que ..., Es evidente que...*)

Observaciones:

La actividad está organizada para que sirva incluso como punto de partida para la explicación de estas estructuras sustantivas y para que los alumnos creen sus propios ejercicios.

En ELLE no nos gusta:

Que la tentación siempre viva arriba.
Que arriba siempre estén los mismos con su poder.
Que el poder se asocie más con el dinero que con la ternura.
Que la ternura se esconda por vergüenza.
Que dé vergüenza envejecer.
Que envejecer no provoque risa.
Que la alegría tengamos que defenderla.
Que la mejor defensa sea un buen ataque.
Que se ataque más con las manos que con la mirada.
Que las miradas a veces hagan tanto daño.

9. ¡Qué borrón!

1. Clasificación:		Gramática
2. Destrezas: ✓ Comprensión oral. ✓ Expresión oral. ✓ Expresión escrita.	**3. Nivel:**	✓ Medio. ✓ Superior.
4. Duración: Dos sesiones de 50 minutos.	**5. Organización:** ✓ Toda la clase (primera parte). ✓ Por parejas (segunda parte).	
6. Material: ✓ Viñetas manchadas (*vid.* MF).	**7. Objetivos:** ✓ Lingüísticos: — Práctica de los pasados y del presente o del futuro y el condicional. — Práctica del los campos léxicos que aparecen en las diferentes viñetas (*coche, restaurante, bar, discoteca, aeropuerto, banco*) ✓ Comunicativos: Contar y relacionar historias oral y ordenadamente. Describir.	

Desarrollo de la actividad:

Semidirigida

1. Se reparten las viñetas del MF. El docente explica a los alumnos el módulo gramatical que se va a practicar: los pasados y el presente. La actividad se desarrollará de forma oral. Por eso, es conveniente dejar dos o tres minutos para que los alumnos piensen un poco el vocabulario de los dibujos y ordenen las ideas.

2. Se elige al azar a un alumno, que describirá una de las viñetas. Es necesario que empiece con frases del tipo: *El otro día ..., Había una vez ..., Érase una vez ..., Un día ..., La semana pasada ..., El otoño pasado ...*, etc. Si los alumnos lo desean, pueden inventar nombres, hechos, elementos, ... Pero si no tienen mucha imaginación, bastará con que describan sólo lo que aparece. La actividad está pensada para que **todos los alumnos** practiquen los pasados. **No describirán lo que aparece en el borrón.**

   El profesor-a decidirá cuándo empieza otro alumno a describir y cuándo se cambia de viñeta.

3. Terminada la descripción, se divide a la clase por parejas y cada una escoge una viñeta. Los alumnos deben preparar un diálogo, explicando también la parte que contiene el borrón. Ellos son los protagonistas y deben hacer el papel de algunas de las personas que aparecen dibujadas. Para esta parte los alumnos disponen de diez minutos.

4. Se leen todas las viñetas en voz alta. Si alguien lo cree oportuno, puede hacer matizaciones o modificaciones.

Ejemplo:

Un día estaba María tranquilamente en su casa, leyendo un libro sobre la vida en México. Antes había limpiado toda la casa y había desayunado café con tostadas. La casa estaba muy ordenada y el sol entraba por la ventana.. No había ruidos, todo estaba tranquilo. De pronto llamaron al timbre. Ella corrió a abrir y se quedó de piedra cuando vio que al otro lado estaba ... .

Diálogo:

— *Hola, María. ¿Te acuerdas de mí? Soy la mujer de Juan, tu novio de la universidad.*
— *Sí, claro, ¿Qué haces por aquí?*
— *Es que tengo un problema y necesito tu ayuda. No se a dónde ir, estoy desesperada.*
— *Venga, mujer. Tranquila. Cuéntame qué te pasa.*
— *Pues necesito dinero para sacar a Juan de la cárcel.*
— *¿En la cárcel? ¿Qué ha hecho? ¿Cuánto tiempo lleva allí?*
— *Lo metieron hace tres años. Nosotros robamos un banco y nos cogieron. Yo he estado también en la cárcel, pero ya he salido y ahora quiero sacarlo a él...*

Variantes:

Esta actividad puede realizarse para practicar otros módulos gramaticales: el presente o el futuro y el condicional: La descripción de viñetas en presente es una buena práctica para los niveles iniciales (elementales y básicos). Además de la gramática, están aprendiendo y practicando el vocabulario de diferentes campos semánticos.

En cuanto a la práctica del futuro y el condicional (simple y compuesto), el alumno realiza toda la actividad de la misma forma, pero la parte de diálogos se sustituye: los alumnos deben contar *qué habrá pasado* en las diferentes manchas, con el fin de practicar la probabilidad.

10. ¡Corre, que se va...!	
1. Clasificación:	Gramática

2. Destrezas: ✓ Comprensión oral. ✓ Expresión oral. ✓ Expresión escrita. ✓ Comprensión escrita.	**3. Nivel:** ✓ Medio. ✓ Superior.
4. Duración: Dos sesiones de 50 minutos.	**5. Organización:** ✓ Toda la clase e individual (primera parte). ✓ Por parejas (segunda parte).
6. Material: ✓ Folios blancos. ✓ Dibujos de situaciones (*vid.* MF-1). ✓ Diálogos desordenados con imperativos lexicalizados (*vid.* MF-2).	**7. Objetivos:** ✓ Lingüísticos: — Práctica del imperativo. — Vocabulario relacionado con los distintos campos semánticos que aparecen en los dibujos (*relaciones familiares, viajes, servicio militar, ...*) ✓ Comunicativos: Dar órdenes adecuadas a diferentes registros. ✓ Culturales: — Aprendizaje y práctica de imperativos lexicalizados. — Intercambio cultural sobre el uso del imperativo

Desarrollo de la actividad:

Semidirigida

1. Cada alumno debe escribir brevemente en un papel un problema real, imaginario, personal, simpático, ...

2. El docente recoge todos los papeles y lee cada problema en voz alta. Todos los alumnos irán dando soluciones. Deben usar el imperativo, como si estuviesen hablando con la persona afectada. No hace falta que todos los alumnos participen en todos los problemas. Se hará de forma libre para que no resulte forzada la situación. Cuando no haya soluciones, se pasa a otro, usando, para ello, una orden rápida o general: *¡Ve al psicólogo! ¡Habla con tu médico!* No se insistirá en buscar solución.

3. Terminada esta fase, los alumnos se distribuyen por parejas. A cada una se le entrega un dibujo (*vid.* MF- 1).

   Los alumnos deben escribir en cinco o diez minutos el número máximo de órdenes típicas que se dan en las situaciones a las que aluden los dibujos. (Ejemplo: *No hagas tanto ruido, No toques eso, Ten cuidado...*)

4. Transcurrido el tiempo, se leerán todas las órdenes. Si algún alumno no está de acuerdo, o quiere añadir alguna más sobre un tema que no le haya tocado a él, podrá hacerlo libremente tras la intervención de cada grupo. También puede pedir aclaraciones si no comprende la orden o la situación (Ejemplo: *¿Qué significa ¡No cojas eso!? ¿Es típico en España que se dé esa orden?).*

Se puede iniciar un pequeño debate sobre las órdenes en los distintos países: ¿Qué les resulta a ellos extraño? ¿Qué órdenes no darían nunca? ¿Cómo reaccionarían en diferentes situaciones? etcétera.

5. Como último paso de la actividad, y con el fin de que los alumnos conozcan algunos imperativos lexicalizados, se presentan diferentes diálogos (*vid.* MF-2). Están desordenados. Los alumnos deberán unir los que crean que pertenecen a la misma situación.

Se pueden seguir dos procedimientos diferentes para esta parte de la actividad:

— Si se ha explicado ya este tipo de estructuras, el ejercicio servirá como repaso y fijación.

— Si el profesor-a no lo ha explicado antes, puede pedir a los alumnos que, por el significado de los verbos, intenten unir las situaciones. Después descubrirán que, en algunas situaciones, han fallado porque el significado del imperativo en cuestión no tiene nada que ver con el significado del verbo. Así entenderán fácilmente y de manera práctica qué significa "imperativo lexicalizado". Aprender con el error a veces es muy productivo

Ejemplo:

Ejemplo de problema:

Mi problema es el siguiente: siempre que lavo los pantalones en la lavadora, encogen. No tengo mucho dinero para comprarme muchos pantalones. No sé qué voy a hacer..

Ejemplos de soluciones:

Compra un quitamanchas / No laves los pantalones / No salgas de casa para no mancharte / Corta la mancha con unas tijeras y sé moderno.

Ejemplos de órdenes típicas:

Limpia tu habitación, Lávate las manos antes de comer, No hables con la boca llena, No hables con desconocidos, Escríbeme todos los días, ...

Variantes:

La parte de soluciones a los problemas puede realizarse por escrito.

¿POR QUÉ NO COGEMOS EL AUTOBÚS? ESTOY CANSADA DE ANDAR.

¡ANDA! SON JÓVENES Y NECESITAN DINERO.

Creo que voy a dejar de estudiar. Estoy cansado de tirarme todos los días metido en mi habitación.

¡Venga, mujer! Ya falta poco.

Voy a dejar el trabajo. No aguanto más al jefe.

MIRA QUE ERES TORPE. ¡CÓMO PUEDES DECIR ESO!

MI HIJO SIEMPRE ESTÁ PIDIÉNDOME DINERO.

YA ESTOY CANSADA DE ÉL. NO LE DOY NI UN DURO MÁS.

¡Vaya! Tu suerte es increíble ¿eh?

¡QUÉ DÍA LLEVO! HE ROTO TRES PLATOS, CUATRO VASOS Y SE ME HA QUEMADO LA COMIDA. ¡FÍJATE CÓMO ESTÁ TODO!

¡Anda ya! No digas más tonterías.

Vamos a pagar. Vamos a ver: 1.500 pesetas entre dos,...
Cada una paga... hm, humm,... ¿cuánto es?

¡Y dale! Siempre estás con la misma historia. Todos los meses repites lo mismo y aquí estás otra vez.

VOCABULARIO

1. Dime de qué estoy hablando

1. Clasificación:	Vocabulario

2. Destrezas: ✓ Comprensión oral. ✓ Expresión oral.	**3. Nivel:** ✓ Elemental. ✓ Básico.
4. Duración: 30-40 minutos.	**5. Organización:** ✓ Por parejas.
6. Material: ✓ Juego de tarjetas (de 5 a 10) de diferentes campos semánticos para cada grupo (*vid.* MF- 1, 2, 3, 4, 5 y 6)	**7. Objetivos:** ✓ Lingüísticos: — Vocabulario específico (animales, profesiones, utensilios, ...). — Práctica de SER y ESTAR, orden de la frase y uso básico de algunas preposiciones (*en, para,...*), ✓ Comunicativos: Aprender a describir y a formular preguntas.

Desarrollo de la actividad:

Semidirigida

1. El docente recorta las tarjetas (*vid.* MF-1, 2, 3) y forma con todas ellas una baraja. Se coloca a los alumnos por parejas, sentados uno frente al otro y se da a cada grupo un juego de tarjetas. No pueden verlas: se colocan boca abajo encima de la mesa.

2. Uno de los miembros de un grupo levanta una tarjeta sin que la vea nadie (tampoco su compañero). Debe describir brevemente el dibujo. Nadie podrá interrumpirlo o decir la solución . Se debe incitar a los alumnos a que usen estructuras básicas: *Es ..., Sirve para ..., Está en ..., Trabaja en ...* Las descripciones no pueden ser muy, muy claras, porque el resto de los grupos puede averiguarlo rápidamente.

3. La pareja del alumno que ha descrito el dibujo tiene preferencia para dar su solución. Puede hacer tres preguntas antes de decir de qué se trata. Estas preguntas sólo se pueden responder con **SÍ** o **NO**. Debe insistirse en que elijan bien, pues **el alumno sólo tiene una oportunidad**. Si no acierta, los otros grupos pueden responder, pero deben levantar la mano antes. El docente será el moderador de turnos. Si ningún grupo acierta, el alumno que describe puede dar pistas para ayudar (un máximo de tres). El grupo que acierte gana un punto y coge el turno: ahora deberá describir uno de sus componentes; el otro, tras las tres preguntas, puede dar su solución, y así sucesivamente. Si ninguno de los grupos acierta las definiciones, el turno será para el que ha descrito, que también obtiene un punto.

Ejemplo:

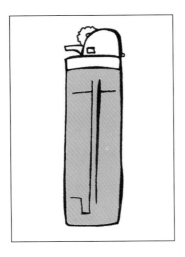

Mechero: *Es muy práctico. Se usa diariamente. Dentro tiene algo muy antiguo.*
Posibles preguntas: *¿Es caliente? ¿Es frío? ¿Está aquí, en la clase? ¿Es blanco? ¿Sirve en la casa?...*
Otras pistas: *Puede ser caro o barato. Es un regalo típico para hombres.*

Variantes:

El juego está pensado para practicar a la vez tres campos semánticos básicos: **profesiones, objetos útiles en la casa** y **animales**. Pero ofrecemos, además, tarjetas con otros vocabularios (*vid.* MF-4): **en un hospital** *(jeringuilla, camilla, jarabe, ...)*, **complementos** *(pendiente, imperdible,...)* y **economía básica y cotidiana** *(resguardo del banco, cajero, tarjeta, cartilla, caja, cheque, talonario, ...).*

Proponemos una variante de la actividad, cuyo procedimiento es el siguiente: Los alumnos escogen un objeto de los diferentes montones. Lo describen con una pista. Los demás deberán averiguar qué es. Si lo averiguan sin necesidad de ayuda, obtendrán diez puntos. Si no saben qué es y necesitan ayuda, pierden un punto por cada pista. La persona que elige el objeto (o la profesión, o el animal...) puede llegar a dar hasta diez pistas. Si los demás no lo averiguan, vuelve a ser él quien tiene el turno y obtiene los diez puntos.

Observaciones:

El material que se ofrece puede ser utilizado con otro orden distinto del propuesto, dependiendo de las necesidades de la clase y de lo que el profesor-a considere oportuno.

Los alumnos practican el vocabulario de forma amena, al mismo tiempo que cogen seguridad en la formación de frases simples, gramaticalmente correctas.

MF-1: Utensilios de la casa:

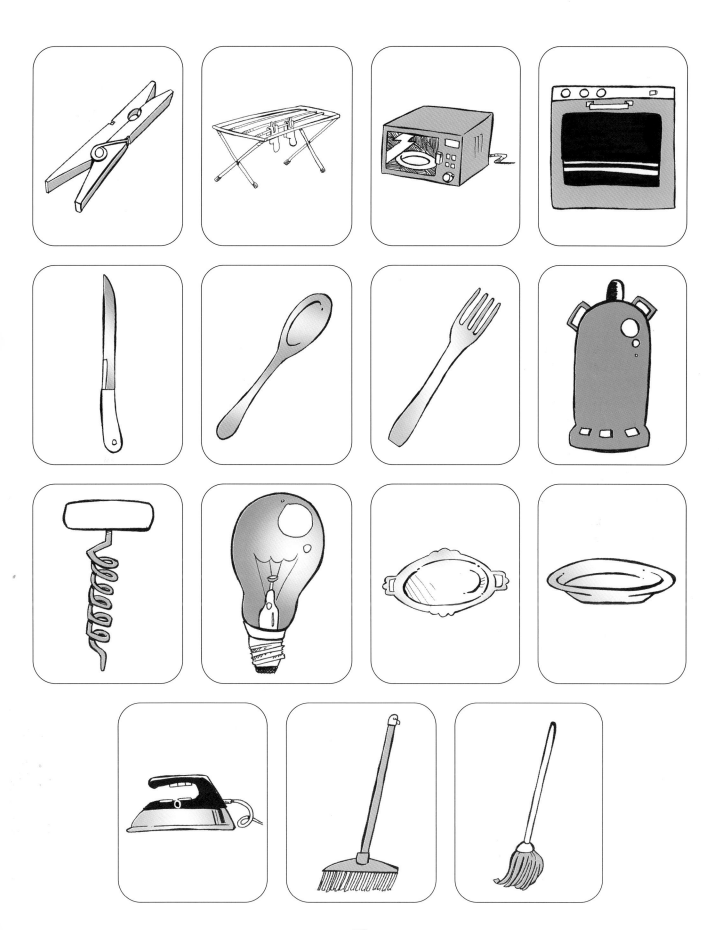

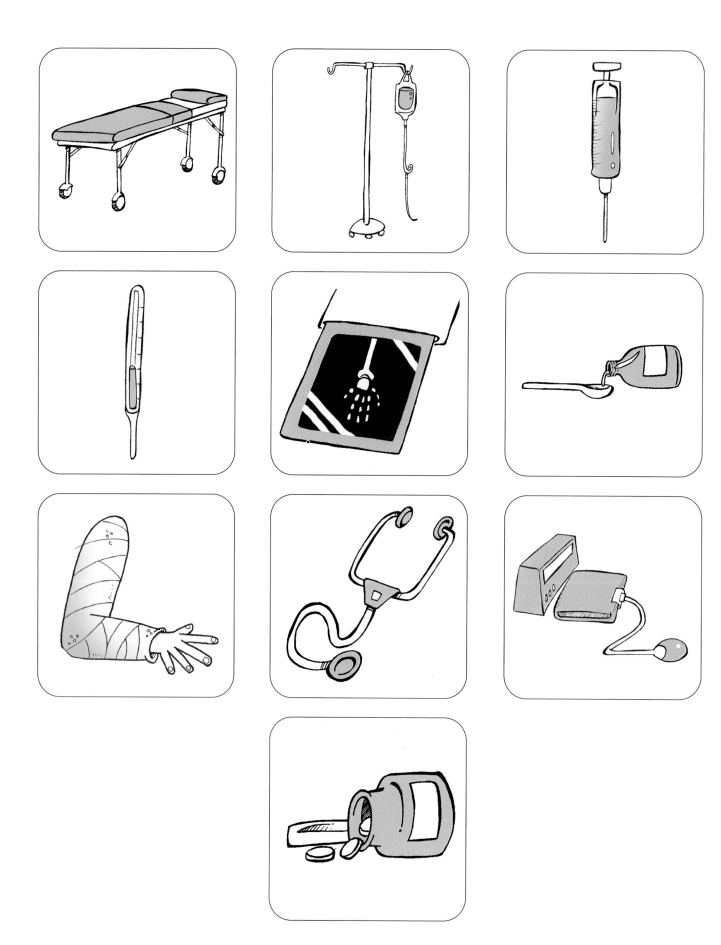

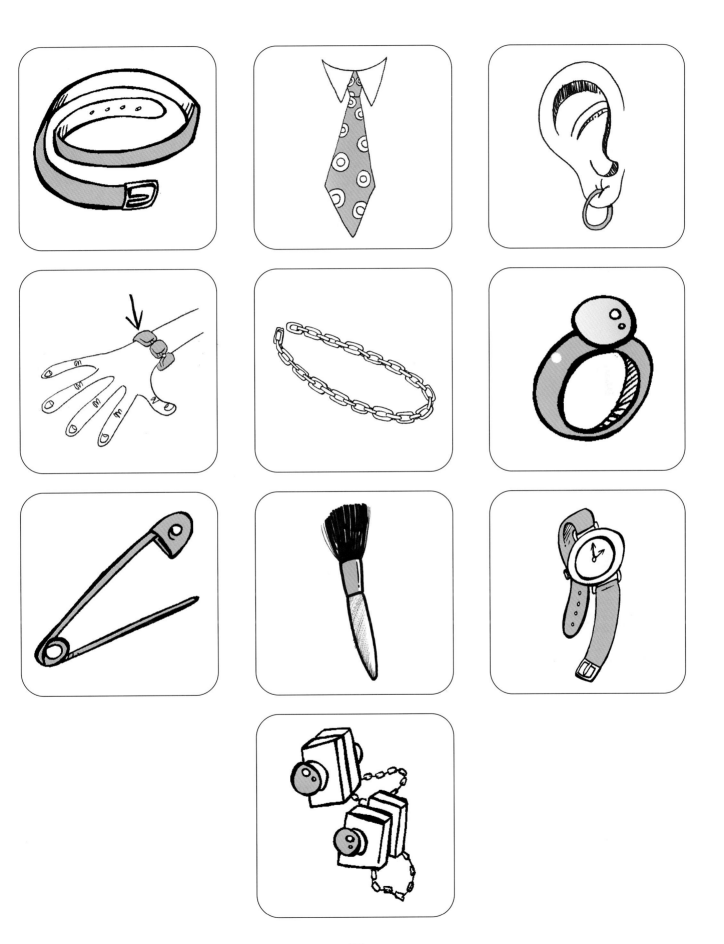

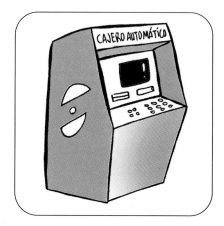

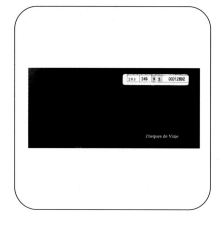

2. La bolsa y la palabra

1. Clasificación:	Vocabulario

2. Destrezas: ✓ Comprensión oral. ✓ Expresión oral. ✓ Expresión escrita. ✓ Comprensión escrita	**3. Nivel:** ✓ Elemental. ✓ Básico.

4. Duración: Una sesión de 50 minutos. **6. Material:** ✓ Una bolsa y letras recortables (*vid.* MF-1).	**5. Organización:** ✓ Toda la clase. **7. Objetivos:** ✓ Lingüísticos: — Práctica de léxico básico: primeras palabras. — Construcción de frases simples gramaticalmente correctas: concordancia del género y del número. ✓ Comunicativos: Relacionar frases coherentemente.

Desarrollo de la actividad: *Semidirigida*

1. El docente recorta todas las letras y las mete en una bolsa.

2. Cada alumno debe coger siete fichas. Se dan dos minutos para componer una palabra.

3. El alumno que construya la palabra más larga, gana cinco puntos. Cuando haya empate, se establece un orden de rotación (de derecha a izquierda, una vez, y de izquierda a derecha la vez siguiente).

   Si la palabra no es correcta, el alumno que la haya formado pierde cinco puntos. Se le da la oportunidad a otro alumno que haya escrito una con menor número de letras.

   El alumno ganador puede obtener cinco puntos adicionales, si construye una frase con la palabra formada.

4. Los alumnos vuelven a meter las fichas en la bolsa y cogen otras siete fichas. Se inicia la segunda ronda siguiendo el mismo procedimiento.

   Se pueden obtener diez puntos adicionales, si se continúa la frase del primer alumno **utilizando la nueva palabra.**

5. Las siguientes rondas se realizan de la misma forma. El número de puntos adicionales por continuar las frases con las palabras ganadoras, irá aumentando gradualmente (cinco puntos más cada vez). Esto es así porque el nivel de dificultad también irá creciendo.

Ejemplo:

Primera ronda: palabra ganadora:

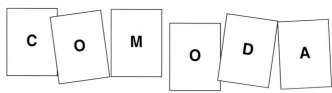

Frase: *Mi casa es cómoda.*

Total puntos: **10**: 5 por la palabra y 5 por la frase.

Segunda ronda: palabra ganadora:

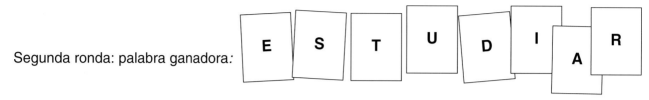

Frase: *Mi casa es cómoda y por eso yo puedo estudiar bien en ella.*

Total puntos: **15:** 5 por la palabra y 10 por continuar la frase.

Tercera ronda: palabra ganadora:

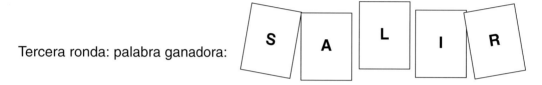

Frase: *Mi casa es cómoda y por eso yo puedo estudiar bien en ella antes de salir.*

Total puntos: **20**: 5 por la palabra y 15 por continuar la frase.

Variantes:

En los niveles medios se realiza la actividad con otro tablero (*vid.* MF- 2) : Los alumnos deben **decir la expresión** a la que hace alusión la palabra o palabras que salen en las tarjetas. La puntuación se lleva a cabo de la siguiente forma:

— Si es correcta, obtiene cinco puntos.
— Si además consigue explicarla, cinco puntos adicionales.
— Si no la sabe, se le da la oportunidad a otro compañero.

Para los niveles superiores ofrecemos un tablero con refranes (*vid.* MF- 3). Las palabras de cada ficha forman parte de un **refrán.** Se sigue el mismo procedimiento que con el tablero de las expresiones.

Observaciones:

No son válidas las formas verbales, excepto el infinitivo, el gerundio y el participio. No se pueden usar pronombres átonos pospuestos.

La **Ch** es una letra, pero la **Q** necesita la **u** para usarse.

El tablero de las expresiones puede usarse también en los niveles superiores para repasar las expresiones.

A	A	A	A	A	A	A	A	A	A	A	A	A
B	B	B	B	B	B	C	C	C	C	C	C	C
C	CH	CH	CH	D	D	D	D	D	D	E	E	E
E	E	E	E	E	E	E	E	E	E	F	F	F
F	G	G	G	G	G	G	H	H	H	H	I	I
I	I	I	I	I	I	I	I	J	J	J	J	J
K	K	L	L	L	L	L	L	M	M	M	M	M
M	M	N	N	N	N	N	N	Ñ	Ñ	Ñ	Ñ	Ñ
O	O	O	O	O	O	O	O	O	O	O	O	P
P	P	P	P	P	P	Q	Q	Q	R	Ř	R	R	R
R	S	S	S	S	S	S	S	T	T	T	T	T
T	U	U	U	U	U	U	U	U	U	U	V	V	V
V	V	V	V	W	W	Y	Y	Y	Y	Z	Z	Z	Z

MF-2: Expresiones:

PERRO / GATO	PELOS / LENGUA	UÑA / CARNE	CORONILLA	GATO / LIEBRE	CODO
TRES PIES / GATO	HORNO / BOLLOS	MANO	TORO / CUERNOS	PATA	BOCA ABIERTA
DEJAR / PALABRA / BOCA	PIES / PLOMO	LLEVAR / PANTALONES	TORTUGA	NUBES	CASTILLOS / AIRE
ECHAR / CAPOTE	COGER / MANOS / MASA	TENER / BOTE	VOZ / CANTANTE	CERO	PUENTE
DAR / PIE / BOLA	DAR / PUERTA / NARICES	CARNE / GALLINA	OJOS / PLATOS	SER / GALLINA	CABRA

MF-3: Refranes:

Quien mucho abarca...	A mal tiempo...	Al pan...	En casa del herrero...	No hay mal...	De grandes cenas...
Más vale lo bueno conocido...	Ojo por ojo...	Quien a buen árbol se arrima...	A quien madruga...	Quien con niños se acuesta...	Más vale pájaro en mano...
No por mucho madrugar...	Cuando el río suena...	A falta de pan...	Cría cuervos y...	Perro ladrador, ...	Zapatero, a tus...
Buscar una aguja...	Dios los cría y...	Cree el ladrón...	Donde menos se piensa...	Ojos que no ven...	Quien ríe el último...

3. Parejas imposibles

1. Clasificación:	Vocabulario

2. Destrezas: ✓ Comprensión oral. ✓ Expresión oral.	3. Nivel: ✓ Elemental. ✓ Básico.
4. Duración: Una sesión de 50 minutos.	5. Organización: ✓ Toda la clase. ✓ Pequeños grupos.
6. Material: ✓ Tarjetas de personajes famosos (*vid.* MF-1) (una fotocopia recortada para el profesor y una copia para cada alumno). ✓ Dibujos de diferentes tipos de prendas y complementos (*vid.* MF- 2). ✓ Papeles en blanco del mismo tamaño para escribir el nombre del alumno.	7. Objetivos: ✓ Lingüísticos: — Léxico de la ropa. — Práctica del presente. — SER y ESTAR. ✓ Comunicativos: Caracterizar y describir apersonas.

Desarrollo de la actividad:

Semidirigida, con preguntas.

1. Recordamos que, antes de iniciar la actividad, el profesor-a tiene que hacer una fotocopia del MF-1 y recortarla formando una baraja de tarjetas. Además, deberá llevar una fotocopia del mismo material (sin recortar) para cada alumno. Se inicia la actividad repartiendo un pequeño papel en blanco, en el que cada uno escribe su nombre. El profesor-a los recoge, los baraja y los deja boca abajo sobre su mesa. En otro montón coloca la baraja de tarjetas recortadas previamente, también boca abajo.

2. El docente entrega a cada alumno una fotocopia de las caricaturas sin recortar y los alumnos tienen dos minutos para memorizar a los personajes y sus características típicas. Pasado el tiempo se les retiran las fotocopias.

3. Se reparte una copia del MF-2, que contiene diferentes tipos de ropa y complementos. Los alumnos podrán tenerla durante el resto del desarrollo de la actividad. En este momento se les explica que el juego consiste en: **a.** adivinar una pareja formada por un famoso-a y un alumno de la clase, y **b.** saber qué ropa lleva puesta en ese momento el famoso-a , porque cada alumno que salga puede vestirlo como quiera.

4. Sale un alumno elegido al azar, con la fotocopia de la ropa en la mano y escoge una tarjeta de cada montón (un alumno, un famoso) . Los demás tienen que descubrir al alumno y al personaje famoso, usando estructuras interrogativas del tipo: *¿Es ...?, ¿Tiene ...?, ¿Cuántos años tiene?, ¿Es de ...?, ¿Lleva ...? ...*

5. Ahora señala y elige en su papel como mínimo dos prendas de las dibujadas para vestir al famoso. No debe decir nada a sus compañeros, pues ellos tienen que averiguarlas.

Ejemplo:

Pareja seleccionada: Antonio Banderas y Karen.

— *Karl, el personaje famoso, ¿ es hombre o mujer?*
— *Es un hombre.*
— *¿A qué se dedica?*
— *Es actor.*
— *¿Es un actor muy famoso?*
— *Sí.*
— *¿Es español?*
— *Sí.*
— *¿Lleva unos vaqueros?*
— *Sí.*
— *¿Y lleva puesta una camiseta?*
— *No.*
— *¿Lleva sombrero?*
— *Sí.*
— *¿Cómo es el sombrero?*
— *Muy grande...*

Variante:

Si se trata de alumnos que ya conocen el léxico de la ropa, la actividad se puede realizar sin presentar el cuadro (*Vid.* MF-2). Así obligamos a los alumnos a recordar las prendas sin ayuda de las ilustraciones.

Para un nivel medio proponemos la siguiente variante: cada alumno debe traer fotos suyas de cuando era pequeño o más joven. El profesor-a recoge todas las fotos y forma una baraja. Un alumno sale al azar, escoge una foto y la describe usando el pasado apropiado. Cuando termine la descripción debe decir qué alumno cree que es y por qué: (Ej: *Era rubio, gordito, gracioso, llevaba zapatos negros... Yo pienso que es John, porque él tiene una boca parecida, tiene los ojos vivos como la persona de la foto...*).

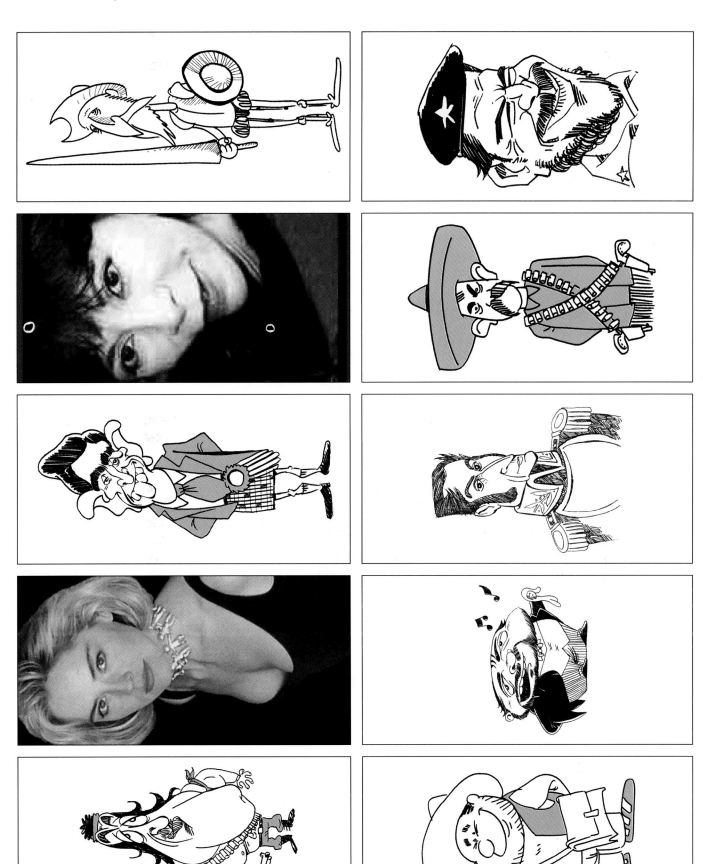

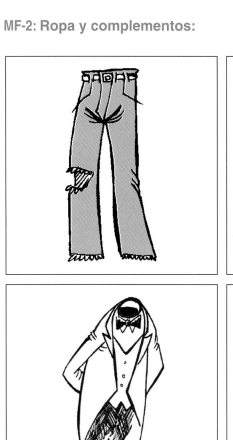
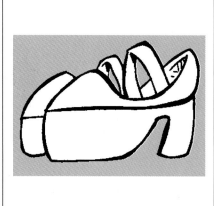

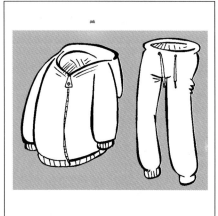

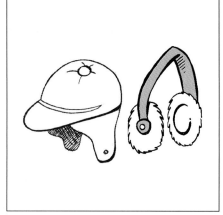

4. Del gazpacho, el tomate	
1. Clasificación:	Vocabulario

2. Destrezas: ✓ Comprensión oral. ✓ Expresión oral. ✓ Expresión escrita.	**3. Nivel:** ✓ Básico. ✓ Medio.
4. Duración: Una sesión de 50 minutos.	**5. Organización:** ✓ Toda la clase. ✓ Individual.
6. Material: ✓ Tabla de los campos semánticos referida a países, comidas y líquidos. (*vid.* MF-1). ✓ Dibujos de flores, frutas y objetos. (*vid.* MF-2).	**7. Objetivos:** ✓ Lingüísticos: — Práctica de diferentes campos léxicos (países, comidas, flores...) — Práctica de las condicionales del tipo: Si + Indicativo, Si + Imperfecto de Subjuntivo. — Práctica de las causales: *porque, puesto que, ya que...* ✓ Comunicativos: Aprender a definirse argumentando. ✓ Culturales: Diferencias culturales dependiendo del país, de la edad y de los conocimientos.

Desarrollo de la actividad:

Dirigida, con preguntas.

1. El profesor-a reparte a toda la clase las tablas del MF-1 y 2. Se solucionan las posibles dudas léxicas y culturales que existan. Se pide a los alumnos que piensen, en un tiempo máximo de cinco minutos, qué serían ellos si fuesen cada uno de los elementos de la tabla. (Ej: *Si yo fuese Argentina, sería ...*)

2. Transcurrido el tiempo, el profesor va preguntando, desordenadamente y a cada alumno, su opinión, con la pregunta: *¿Qué serías tú si fueras Argentina?* El alumno debe contestar como en el ejemplo y explicar por qué.

Es conveniente no preguntar cada elemento de cada columna **a todos los alumnos,** porque la actividad sería demasiado larga. No olvidemos que lo que se pretende es fijar y ampliar el vocabulario de los campos semánticos establecidos.

Ejemplo:

El profesor: *¿Qué serías si fueras Argentina?.*
El alumno: *Si yo fuera Argentina sería la Pampa porque es grande.*
El profesor: *¿Qué serías si fueras una pizza?*
El alumno: *Sería la aceituna del centro porque nadie me comería.*
El profesor: *¿Qué serías si fueras un higo?*
El alumno: *No sería nada, porque no me gustan.*

Variante:

Esta actividad se puede realizar en el nivel básico siguiendo el mismo procedimiento, pero utilizando estructuras del tipo: *Si* + Presente + Presente, *Si* + Presente + Futuro, (*Si soy Argentina, soy la Pampa, porque es grande).* También podría incluirse una nueva columna con los números, para practicarlos.   Ej: *Si eres un número, ¿qué número eres? Soy el ocho, porque sumado al tres, soy once, y me gusta el once porque es el día de mi cumpleaños.*

Observaciones:

Se recomienda realizar esta actividad cuando los alumnos se conozcan. El docente aconsejará usar respuestas divertidas, simpáticas y alegres. Si lo considera oportuno, se puede recoger toda la información para elaborar materiales que incluyan gustos y preferencias de los alumnos.

MF-1: Países, comidas y líquidos:

PAÍS	COMIDA	LÍQUIDO
ARGENTINA	tortilla	refresco
ITALIA	guacamole	leche
CANADÁ	tacos	agua
FINLANDIA	paella	zumo
CHILE	pizza	sopa
AUSTRALIA	albóndigas	infusión
MÉXICO	cruasán	batido
FRANCIA	chile con carne	horchata
PERÚ	cuscús	granizado
ALEMANIA	alioli	café

FLOR	FRUTA	OBJETO

5. ¿Cuándo hago el ganso?

1. Clasificación:	Vocabulario

2. Destrezas: ✓ Comprensión oral. ✓ Expresión oral.	3. Nivel: ✓ Medio. ✓ Superior.
4. Duración: Una sesión de 50 minutos.	5. Organización: ✓ Toda la clase.
6. Material: ✓ Tarjetas con dibujos de diferentes expresiones. (*vid.* MF) .	7. Objetivos: ✓ Lingüísticos: — Expresiones coloquiales relacionadas con el carácter. — Practicar las oraciones adverbiales condicionales: *Si* + presente de indicativo + imperativo / futuro / presente de indicativo, *Si* + imperfecto de subjuntivo + condicional simple. ✓ Comunicativos: Describir el carácter y la personalidad y reaccionar ante diferentes situaciones de la vida cotidiana. ✓ Culturales: Diferencias culturales en el uso de expresiones coloquiales.

Desarrollo de la actividad: *Semidirigida*

1. El docente reparte al azar entre los alumnos las tarjetas que contienen dibujos alusivos a diversas expresiones relacionadas con el carácter o con la personalidad (*Vid.* MF) y escribe en la pizarra la lista de las expresiones que se corresponden con las ilustraciones. Los alumnos identificarán cada uno de los dibujos de las tarjetas, con una de las expresiones que se han escrito. Si hay alguna que el alumno no consiga relacionar, será aclarada. Es muy importante que antes de seguir la actividad, todas las expresiones queden perfectamente comprendidas.

2. Se divide la clase en pequeños grupos. El profesor-a recoge las tarjetas, las mezcla y entrega tres a cada grupo. Se le pide a cada uno que no las enseñe al resto.

3. Se dan cinco minutos para que piensen en qué situaciones podrían ellos utilizar estas expresiones para definir sus actos, ya que puede haber disparidad de opiniones en cuanto a las situaciones en que usarían una determinada expresión.

4. Transcurrido el tiempo, un alumno de cada grupo explicará las situaciones que definen la expresión, usando las estructuras: *Si yo..., yo digo esto..., Si yo..., haría esto, Si yo... estaría diciendo esto.* (Ej: *Si yo me subiera ahora a la mesa del "profe", diría que estoy haciendo esto; Si yo me subo ahora en la mesa del profesor-a, yo estoy haciendo esto*). Nunca deberá decir la expresión. Debe explicar en qué situaciones la usaría para definirse a sí mismo o a su manera de actuar. El resto de los grupos esperarán a que termine la intervención, para dar su posible solución. Si varios grupos la tienen, el turno será establecido por orden de alzada de mano. Tras cada expresión puede iniciarse un intercambio de opiniones sobre si ellos consideran que están *haciendo el ganso* o *siendo un donjuán...* en las mismas situaciones que las indicadas por el alumno.

5. La actividad termina cuando todos los grupos hayan intervenido con todas las expresiones.

Ejemplo:

Peter (grupo **A**): *Si yo llego a una fiesta y nadie se da cuenta ni me hace caso, yo soy eso o soy lo que dice la expresión. Si un grupo de amigos estamos decidiendo a dónde ir y nunca vamos a donde yo digo, soy... Si en mi trabajo nadie me saluda, soy eso... Si voy con vaqueros y zapatillas a un banco y el director no me atiende, es que piensa que yo soy eso.*

Marie (grupo **B***): La expresión correcta es ser un* don nadie.

DEBATE:

Peter: *En mi país, si voy en zapatillas, los directores de banco no piensan que soy un* don nadie*.*

Marie: *Pues en mi país, sí. Pero no estoy de acuerdo contigo en lo que has dicho sobre lo de ir a donde quieren mis amigos. Cuando estoy con mis amigos y voy a donde ellos dicen, yo no me siento un* don nadie*.*

HACER EL

$(VI)^2$+R A

SER 1

QUE+  LA

NO TENER EN LA

LLEVAR LOS

 HECHO UN

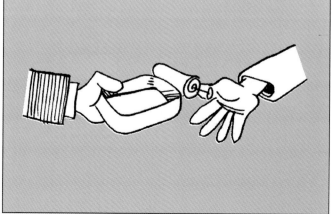

HACER LA

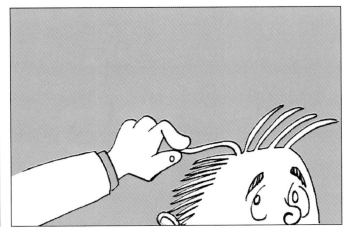

$(Vi)^2$ +R DE LAS

SER UN 100 KILOS

6. La pescadilla que se muerde la cola

1. Clasificación:	Vocabulario

2. Destrezas: ✓ Comprensión oral. ✓ Expresión oral. ✓ Comprensión escrita.	3. Nivel: ✓ Superior.
4. Duración: Dos sesiones de 50 minutos.	5. Organización: ✓ En parejas (primera parte). ✓ Todo el grupo (segunda parte).
6. Material: ✓ Dibujos de historias desordenadas (vid. MF- 1). ✓ Letra de la canción (vid. MF- 2). ✓ Otras propuestas de temas (vid. MF-3).	7. Objetivos: ✓ Lingüísticos: — Léxico relacionado con la ecología, con el mundo laboral, con la enfermedad, con los incendios, con los medios de comunicación. — Repaso y práctica de todos los contenidos gramaticales vistos hasta el momento. ✓ Comunicativos: Reaccionar.

Desarrollo de la actividad:

Semidirigida

1. Se coloca a los alumnos en parejas y se les entregan las tarjetas recortadas y desordenadas de cada una de las dos historias dibujadas (*vid.* MF-1). El docente explica que son situaciones elaboradas con ideas encadenadas entre sí y que forman un círculo vicioso, pues acaban como empiezan. Los alumnos deben ordenarlas.

2. Una vez ordenadas, los alumnos elaboran un diálogo simple de preguntas y respuestas con la historia que han construido, como si fuesen ellos los protagonistas. Ahora bien, la última idea de la historia no aparece en el dibujo. Deben imaginarla y engarzarla con la viñeta que han colocado en primer lugar, para completar el círculo.

3. Una vez leídos o representados todos los diálogos, se entrega la fotocopia de la letra de la canción y ellos comprueban si el orden es el mismo que el que han establecido. Se solucionan las posibles dudas de vocabulario y se comentan los temas.

4. Se ponen en la pizarra otros posibles temas propensos a crear situaciones similares (*vid.* MF-3). Colocados en círculo, los alumnos inician uno de los temas con una frase. (Se proponen algunas, por si el alumno no supiera empezar). El de la derecha reaccionará con una pregunta que será contestada por otro alumno, siguiendo el modelo de la letra de la canción. Los alumnos podrán iniciar la pregunta de cualquier forma. No es necesario usar siempre el interrogativo *¿Por qué..?* (*vid.* Ejemplo). Cuando un tema se agote, se elige otro; y así, hasta que se hayan completado los círculos de los temas propuestos: *incendios, desempleo, medios de comunicación, aparcamiento en las grandes ciudades...*

5. Se inicia un debate sobre cómo romperían los alumnos los círculos creados: Por parejas, tienen cinco minutos para elegir uno de los círculos mencionados y pensar en la posible ruptura. Escribirán en un papel un guión con las ideas, para que no se les olviden. Agotado el tiempo, cada

pareja empieza a dar las soluciones que hayan pensado. Los demás participarán manifestando su opinión o poniendo inconvenientes a las diferentes propuestas.

Ejemplo:

Creación de un círculo vicioso:

> — *Hoy no salgo.*
> — *¿Por qué no sales?*
> — *Porque no tengo dinero.*
> — *¿Por qué no tienes dinero?*
> — *Porque lo he gastado.*
> — *¿En qué has gastado el dinero?*
> — *He comprado mucha comida y películas de vídeo.*
> — *¿Por qué has comprado tantas películas de vídeo?*
> — *Porque no salgo.*

Variantes:

En el caso de que el profesor tenga la canción, la actividad puede iniciarse pidiendo a los alumnos que ordenen las dos historias después de oír las dos estrofas de la canción que las contiene. El resto del desarrollo es el mismo que el expuesto arriba.

Observaciones:

La letra de la canción posee un gran interés léxico. Recomendamos que los temas que trata se incluyan también en el debate, pues, además, poseen una gran riqueza cultural.

MF-2: Canción:

— Yo quiero bailar un son,
mas no me deja Lucía.
— Yo que tú, no bailaría
porque está triste Ramón.
— ¿Por qué está tan triste?
— Porque está malito.
— ¿Por qué está malito?
— Porque tiene anemia.
— ¿Por qué tiene anemia?
— Porque está muy flaco.
— ¿Por qué está tan flaco?
— Porque come poco.
— ¿Por qué come poco?
— Porque está muy triste.
— **Eso mismo fue lo que yo le pregunté:**
¿por qué está tan triste? (bis).

— Quiero formar sociedad
con el vecino de abajo.
— Ese no tiene trabajo;
no te fíes, Sebastián.
— ¿Por qué no trabaja?
— Porque no lo cogen.
— ¿Por qué no lo cogen?
— Porque está fichado.
— ¿Por qué lo ficharon?
— Porque estuvo preso.
— ¿Por qué lo metieron?
— Porque roba mucho.
— ¿Por qué roba tanto?
— Porque no trabaja.
— **Eso mismo fue lo que yo le pregunté:**
¿por qué no trabaja? (bis).

Alberto Pérez

MF-3: Otras propuestas:

INCENDIOS	DESEMPLEO	MEDIOS DE COMUNICACIÓN	APARCAMIENTOS
— En verano hay muchos incendios. — La gente va de acampada en verano. — En verano no llueve. — Los bosques están muy secos.	— Mi país no tiene mucho dinero. — Hay mucha gente en el mundo. — Mucha gente no trabaja. — La economía de mi país no se mueve.	— Los periodistas, a veces, se pasan. — La gente no lee el periódico. — La tele produce pasividad. — Los periódicos no se venden mucho.	— Hay muchos coches en la calle. — No hay suficientes aparcamientos. — El centro está siempre atascado. — Veo un atasco cada día.

4. Letra completa de la canción:

— Quisiera hacer lo de ayer,
pero introduciendo un cambio.
— No metas cambios, Hilario,
que anda el jefe por ahí.
— ¿Por qué está de jefe?
— Porque va a caballo.
— ¿Por qué va a caballo?
— Porque no se baja.
— ¿Por qué no se baja?
— Porque vale mucho.
— ¿Y cómo lo sabes?
— Porque está muy claro.
— ¿Por qué está tan claro?
— Porque está de jefe.
— Eso mismo fue lo que yo le pregunté:
— ¿Por qué está de jefe? (bis).

— Quiero conocer a aquél,
hablarle y decirle hola.
— ¿No le has visto la pistola?
Deja esa vaina, Javier.
— ¿Por qué la pistola?
— Porque tiene miedo.
— ¿Por qué tiene miedo?
— Porque no se fía.
— ¿Por qué no se fía?
— Porque no se entera.
— ¿Por qué no se entera?
— Porque no le hablan.
— ¿Por qué no le hablan?
— Por llevar pistola.
— Eso mismo fue lo que yo le pregunté:
— ¿Por qué la pistola? (bis).

78

7. Los falsos sabios	
1. Clasificación:	Vocabulario

2. Destrezas: ✓ Comprensión oral. ✓ Expresión oral. ✓ Expresión escrita.	**3. Nivel:** ✓ Superior.
4. Duración: Una sesión de 50 minutos.	**5. Organización:** ✓ Individual y toda la clase (si el grupo es pequeño). ✓ Por grupos y toda la clase (si el grupo es numeroso).
6. Material: 7. Objetivos: ✓ Fichas para cada alumno o grupo (vid. MF- 1). ✓ Palabras que se desean definir (vid. MF-2).	✓ Lingüísticos: — Práctica del léxico relacionado con industria, ganadería, pesca, adjetivos del tipo –able, -ible, y expresiones. — Práctica de todos las estructuras gramaticales vistas hasta el momento. ✓ Comunicativos: Definir utilizando un registro formal y correcto.

Desarrollo de la actividad:

Semidirigida

1. El docente explica que se trata de un juego de definiciones de palabras y que deben intentar imitar un lenguaje correcto y apropiado, parecido al de los diccionarios. Se pueden leer varias definiciones del diccionario, como preparación.

2. Se reparte una ficha rayada a cada alumno. Si el grupo es muy numeroso, se hacen grupos de dos o tres, se le entrega a cada uno una ficha. y el profesor se queda con otra (vid. MF-1). En la parte superior escriben su nombre. El resto de la ficha tiene cuatro columnas: la primera es donde el docente pone el número identificador de cada definición, para que los alumnos puedan votarla. La segunda debe permitir escribir la palabra que se va a definir. La tercera, la más ancha, es donde deben escribir la definición. La cuarta es también estrecha y sirve para anotar los puntos.

El profesor-a elige una palabra (vid. los diferentes términos sugeridos en el MF) y la dice en voz alta.

3. Se dejan unos minutos para que cada alumno (o grupo) invente un significado verosímil y lo escriba en la tarjeta. Debe insistirse en que escriban correcta y formalmente usando estructuras del tipo: *Acción que ..., Expresión que se utiliza en contextos ..., Sinónimo de ..., Objeto que se usa en circunstancias ..., Persona que se dedica a ...* , etcétera.

El profesor-a escribe en su ficha la definición correcta, pero **disfrazada. Debe intentar disimularla imitando el estilo de los alumnos.**

Si algún alumno cree conocer el significado, debe advertirlo; su ficha se aparta hasta el final. Si una vez acabada la ronda, tras las votaciones, se comprueba que tiene razón, obtiene diez puntos. Si no es correcta, perderá cinco puntos.

4. El docente recoge todas las tarjetas, incluida la suya y arbitrariamente les pone un número identificador en la columna diseñada para ello. Las lee y los alumnos votan la que crean que es correcta. El recuento de votos se llevará a cabo en la pizarra:

El alumno que vote la definición correcta, recibe un punto.
El alumno cuya definición sea votada, recibe dos puntos por voto.
Los puntos que obtenga el profesor-a no se contabilizan. Su tarjeta sólo sirve para dar puntos a los alumnos.
Los alumnos no pueden votarse a sí mismos.

Ejemplo:

Palabra: CIAR.
Definiciones:

1. *Acción de espiar.*
2. *Sinónimo de buscar con entusiasmo y ahínco.*
3. *Andar hacia atrás, retroceder.* (definición correcta)
4. *Dar noticia o aviso de alguna cosa confidencial.*

Votos:

Definición **1**: Cuatro votos	Definición **3** : Un voto.
Definición **2**: Dos votos.	Definición **4** : Tres votos.

El alumno que ha votado la **3**, que es la correcta, recibe un punto.

Los alumnos que han inventado las definiciones **1**, **2** y **4**, reciben dos puntos por cada voto. (8 puntos para el creador de la definición **1**; 4 votos para el de la **2** y 6 votos para el de la **4**).

Observaciones:

El docente puede utilizar las palabras que quiera, además de las que se le ofrecen, ya definidas, en el MF-2.

MF-1: Ficha para los alumnos:

NOMBRE DEL JUGADOR	TOTAL DE PUNTOS

N°	PALABRA	DEFINICIÓN	PUNTOS

MF-1: Ficha para los alumnos:

Palabra o expresión	DEFINICIÓN CORRECTA
Sucursal	Establecimiento que desempeña las mismas funciones que el central.
Pedido	Encargo de bienes o suministros que se hace a un vendedor.
Cosechar	Recoger el conjunto de frutos de un cultivo de la tierra, al llegar a la sazón.
Ordeñar	Extraer la leche exprimiendo la ubre.
Vacuna	Virus que se inocula a una persona o animal, para preservarlos de una enfermedad.
Noray	Poste que se utiliza para fijar las amarras de los barcos.
Tener en el bote	Tener dominada la voluntad de alguien, a quien se ha convencido de algo.
Tener muchas tablas	Tener soltura en cualquier actuación ante el público.
Dárselas de algo	Presumir de alguna cualidad o habilidad.
Tirarse un farol	Presumir de algo, sin fundamento.
Potable	Que se puede beber.
Ingerible	Que se puede comer o beber.
Masticable	Que se puede desmenuzar con los dientes.
Ir viento en popa	Desempeñarse con buena suerte o prosperidad.
Irrompible	Dícese de lo que no se rompe fácilmente.
Andar de cabeza	Tener muchos quehaceres urgentes.
Atrofia	Falta de desarrollo de cualquier parte del cuerpo.
Dar en el blanco	Expresar una idea acertada.
Estar en los huesos	Estar alguien excesivamente delgado.
Calamidad	Desgracia o infortunio que alcanza a muchas personas.
Lagar	Recipiente en el que se pisa la uva para extraer el mosto.
Demora	Tardanza en el cumplimiento de algo.
Maroma	Cuerda gruesa de esparto o cáñamo.
Partir por el eje	Dejar a alguien inutilizado para seguir lo que había empezado.
Nocivo	Que produce perjuicios o daños.
Emigrar	Dejar el país propio para establecerse en otro extranjero.
Papel mojado	Documento que carece de utilidad.
Fabril	Relativo a las fábricas o a los obreros que trabajan en ellas.
Quebrar	Romper con violencia las partes de un todo.
Echar en falta	Notar la ausencia de algo o de alguien.
Salubre	Bueno para la salud.
Ir al grano	Atender a los asuntos importantes sin rodeos.

8. ¿Y si digo...?

1. Clasificación:	Vocabulario

2. Destrezas: ✓ Comprensión oral. ✓ Expresión oral. ✓ Comprensión escrita. ✓ Expresión escrita.	3. Nivel: ✓ Superior.
4. Duración: Dos sesiones de 50 minutos.	5. Organización: ✓ En parejas (primera parte). ✓ Toda la clase (parte de los dibujos). ✓ Individualmente (parte escrita).
6. Material: ✓ Fichas para cada alumno. (vid. MF-1). ✓ Dibujos de manchas. (vid. MF-2).	7. Objetivos: ✓ Lingüísticos: — Léxico de los campos semánticos relacionados con arte, espectáculos, deportes, meteorología. — Práctica del pretérito perfecto y del presente. — Práctica de los pronombres. — Condicionales del primer tipo. ✓ Comunicativos: Preguntar, dar y pedir opinión, manifestar acuerdo y desacuerdo.

Desarrollo de la actividad: *Semidirigida*

1. Se divide a la clase por parejas y el docente entrega a cada alumno una ficha (*vid.* MF-1). **Es muy importante que los alumnos no vean la ficha de su compañero**. Se informa de que vamos a realizar un test tipo *Rorschach*. Es importante la espontaneidad. La información recogida en esa ficha corresponderá al compañero que se entrevista. Cada alumno recogerá en su ficha la información del compañero al que entrevista. Los alumnos pueden preguntar al profesor-a las dudas léxicas, pero individualmente, para que su compañero no sepa de qué están hablando.

2. El alumno **A** debe preguntar a su compañero iniciando las frases con *¿Qué dices si yo digo ...? ¿Y si digo ...?* El alumno **B** responderá con lo primero que se le venga a la cabeza. La información la apunta **A** en la ficha, a la derecha de la palabra (Pregunta: *agua;* Respuesta: *café*).

3. Después pregunta el alumno **B**, utilizando la ficha que al principio le dio el profesor. Se sigue el mismo procedimiento.

4. Terminada esta primera fase, el profesor-a explica que va a enseñar a toda la clase unos dibujos (*vid.* MF-2). Todos los alumnos deben decir qué ven en ellos y, además, deben apuntar en la ficha la información correspondiente al alumno al que han entrevistado en la primera parte. Hay un espacio diseñado para ello (*Comentario del dibujo*).

Esta fase será muy rápida y los alumnos no deben explicar por qué ven lo que ven, ni interpretar qué puede significar: **sólo dicen lo que ven.**

5. Cada alumno, de manera individual y con los datos obtenidos de su compañero, elabora por escrito una pequeña interpretación en un tiempo máximo de diez minutos. Deben usarse estructuras adecuadas para manifestar opinión (*Creo que ..., Me parece que ..., En mi opinión ...,*) justificando su respuesta.

6. Se leen en voz alta todas las interpretaciones. Tras cada intervención se permite a los alumnos *interpretados* manifestar su acuerdo o desacuerdo, pero deben hacerlo correctamente, con fórmulas del tipo *Estoy de acuerdo en parte / totalmente, Eso no es así ...* (*Vid.* Ejemplo).

Ejemplo:

1ª Parte. Cuestionario:

Alumno **A**: *¿Qué dices si yo digo "agua"?*
Alumno **B**: *Yo digo "café".*
Alumno **A**: *¿Y si digo "hombre"?*
Alumno **B**: *Yo digo "alcohol".*

Alumno **A** : *¿Y si digo "helado"?*
Alumno **B**: *Yo digo "copa".*
Alumno **A**: *¿Y si digo "caballo"?*
Alumno **B**: *Digo "gato".*

2ª Parte. Comentario del dibujo:

Alumno **B**: *Veo una pareja dándose un beso.*

3ª Parte: Interpretación del alumno **A**:

Yo creo que es una persona a la vez extraña y normal. Normal, porque cuando he dicho "agua", ha contestado "café" y evidentemente el café se hace con agua. Extraña, porque cuando he dicho "caballo", ha dicho "gato": no existe ninguna relación entre el gato y el caballo. Creo, además, que es muy elegante y le gusta hacer las cosas bien, pues ha relacionado el helado con la copa: está claro que siempre toma el helado en copa, o prefiere tomarlo. Además creo que es sentimental, por lo que ha visto en el dibujo.

Respuesta del alumno **B**:

Estoy de acuerdo contigo en casi todo, pero no en lo del gato y el caballo. Si he dicho "gato" es porque en mi casa tengo un gato y un caballo. Son mis dos animales.

Variante:

Si el docente lo prefiere, puede realizar la primera y la tercera parte (la escrita) de forma oral.

La segunda parte también puede hacerse por parejas. Se entregan a cada alumno algunos de los dibujos, además de la ficha.

Observaciones:

Ofrecemos varios modelos de fichas para que no todos los alumnos tengan las mismas.

MF-1: Fichas para los alumnos:

ALUMNO **A**					
Primera parte: **Cuestionario**				Segunda parte: **Comentario del dibujo**	
Oler		Nevar			
Pincel		Decoración			
Guión		Estrella			
Revelar		Estatua		Tercera parte: **Interpretación**	
Ópera		Apagar			
Cancha		Coro			
Sortear		Trueno			
Periodista		Cronómetro			
Literatura		Madrugada			

ALUMNO **B**					
Primera parte: **Cuestionario**				Segunda parte: **Comentario del dibujo**	
Imitar		Oscuridad			
Palco		Luchar			
Puente		Concierto			
Estribillo		Antena		Tercera parte: **Interpretación**	
Retrato		Modelo			
Sembrar		Llover			
Niebla		Banderillero			
Aguja		Rayo			
Poema		Rodar			

ALUMNO **A**					
Primera parte: **Cuestionario**				Segunda parte: **Comentario del dibujo**	
Vencer		Termómetro			
Escultura		Telón			
Tormenta		Arco			
Sombrear		Escarcha		Tercera parte: **Interpretación**	
Obra		Estrenar			
Barro		Corrida			
Gradas		Cuadro			
Golear		Brotar			
Pantalla		Relámpago			

ALUMNO **B**				
Primera parte: **Cuestionario**			Segunda parte: **Comentario del dibujo**	
Trepar		Labrar		
Doblaje		Monólogo		
Tenor		Escalar		
Nublarse		Bochorno		Tercera parte: **Interpretación**
Pedal		Novela		
Lienzo		Carrera		
Reportero		Desentonar		
Viento		Luna		
Albergue		Despertador		

MF-2: Manchas:

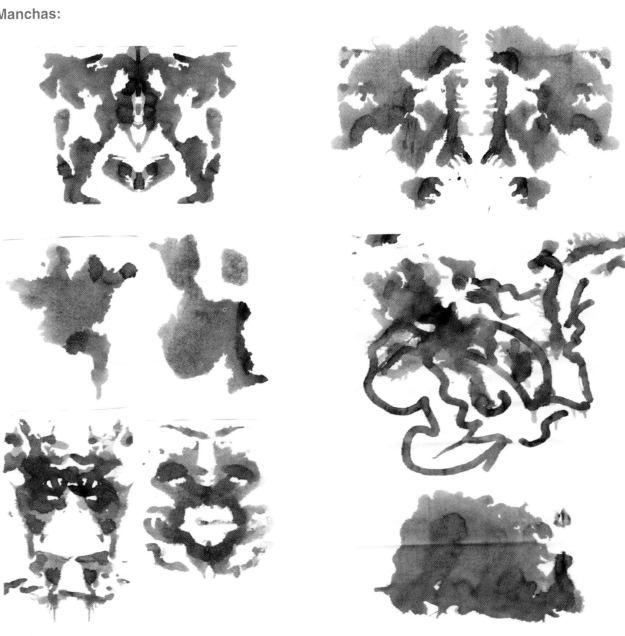

9. No las digas

1. Clasificación:	Vocabulario

2. Destrezas: ✓ Comprensión oral. ✓ Expresión oral. ✓ Comprensión escrita.	**3. Nivel:** ✓ Superior.
4. Duración: Una sesión de 50 minutos.	**5. Organización:** ✓ En pequeños grupos.
6. Material: ✓ Juego de tarjetas con el vocabulario que se va a usar en la actividad (*vid. MF*).	**7. Objetivos:** ✓ Lingüísticos: — Vocabulario referido al campo semántico de los sustantivos abstractos. — Práctica de las estructuras adverbiales: *Cuando ... A que ... Con la intención de que ... Aunque ... Puesto que ... Porque ...* — Repaso de todos los tiempos verbales. ✓ Comunicativos: Aprender a formular preguntas. Exponer de forma coherente y ordenada ideas propias.

Desarrollo de la actividad:

Semidirigida

1. El profesor-a recorta las tarjetas del MF. Se divide la clase en grupos. A continuación se reparten las tarjetas a cada grupo, pero sin que los alumnos las vean. Las ponen boca abajo sobre la mesa. Se explica que la actividad consiste en definir la palabra que se indica en la tarjeta, sin usar las palabras que aparecen debajo y que están relacionadas con ella.

2. Uno de los miembros de un grupo levanta una tarjeta y empieza el juego: la mirará sin que la vean sus compañeros y explicará la palabra, en un tiempo máximo de tres minutos. Puede utilizar ejemplos, situaciones, contrarios, etc , pero nunca las palabras prohibidas. Puede consultar al profesor-a si tiene problemas de vocabulario. Si durante la explicación dice la palabra que tiene que definir, pasa el turno a otro grupo.

3. Al tratarse de un vocabulario difícil y abstracto, si un alumno sabe la palabra en su idioma y no en español, puede pedir pistas siguiendo estos modelos: *¿Cuántas vocales tiene? ... ¿Cuántas consonantes X? ... ¿Termina en –dad, -ancia, -ón, -ismo? ... ¿Hay alguna "o"? ...* etcétera

4. Los restantes miembros del grupo tienen preferencia para adivinar la palabra. Así, si algún otro grupo la sabe, levantará la mano pero no podrá decirla. El docente toma nota del turno y si los miembros de su mismo grupo no consiguen adivinar la palabra, la podrán decir los primeros que hayan levantado la mano.

5. Si los del primer grupo consiguen adivinar la palabra, el turno será para el grupo situado a la derecha. Si la adivina otro grupo, éste será el que coja el turno.

Ejemplo:

```
┌─────────────────────────┐
│       DEPRESIÓN         │
│                         │
│      Deprimido-a        │
│        Muerte           │
│       Deprimirse        │
│       Problemas         │
│       Estar triste      │
└─────────────────────────┘
```

Alumno **A**: *Cuando tú estudias mucho para un examen y suspendes, te puede dar esto.*

Alumno **B**: *¿Triste?...*

Alumno **A**: *No, ... Los profesores, cuando no estudiamos y no participamos en la clase, tienen esto ...*

Alumno **B**: *¿Protesta?*

Alumno **A**: *No ..., cuando dos países entran en guerra, también pueden tener esto ...*

Alumno **B**: *¿Crisis?*

Alumno **A**: *No ...*

Alumno **B**: *¿Antes de una crisis?*

Alumno **A**: *No, ... cuando a una persona se le muere un ser querido, tiene esto ...*

Alumno **B**: *Depresión ...*

Variantes:

Con la misma idea y las mismas reglas, los propios alumnos pueden crear sus fichas usando el diccionario.

Observaciones:

Pretendemos, además de ampliar el vocabulario habitual, que aprendan a manejar sustantivos abstractos.

SINCERIDAD	**FELICIDAD**	**ODIO**	**SOLEDAD**
Sincero-a Confiar Confianza Amistad Amigos	Feliz Alegría Alegre Fiesta Reír	Odiar Pelea Enemigo-a Guerra Enfadarse	Solo-a Amigos-as Pareja Soltero-a Compañía
SOLIDARIDAD	**FIDELIDAD**	**AMOR**	**AMISTAD**
Solidario-a Ayudar Ayuda Tercer mundo Dar	Fiel Matrimonio Infiel Confianza Amante	Amar Beso Besar Novio-a Enamorarse	Amigos Enemigos Confianza Juerga Amistoso-a
RACISMO	**VIOLENCIA**	**TOLERANCIA**	**PEREZA**
Raza Discriminar Discriminación Racista Negro-a-s	Violento-a Guerra Pelea Luchar Odio	Tolerar Tolerante Igualdad Intolerante Respetar	Perezoso-a Vago-a Trabajo Trabajador Siesta / dormir
EGOÍSMO	**AVARICIA**	**ENVIDIA**	**DISCRECIÓN**
Egoista Yo Amor Orgulloso-a Prestar	Avaricioso-a Ganar Desprendido-a Tacaño-a Prestar	Envidioso-a Envidiar Desear Querer Ajeno-a	Discreto-a Tacto Sensatez Imprudente No reservado
PRUDENCIA	**VANIDAD**	**VIRTUD**	**TEMPLANZA**
Prudente Sensatez Moderación Reflexión No dañar	Vanidoso-a Vano Elevado-a Superficial Sentimiento	Virtuoso-a Pecador No pecador Pecar Bueno-a	Paciencia Paciente Tranquilo-a Tranquilidad Equilibrado-a

DESDICHA	AGILIDAD	ANGUSTIA	AGUDEZA
Desdichado-a	Ágil	Angustiado-a	Agudizar
Felicidad	Agilizar	Angustioso-a	Agudo-a
Sufrimiento	Flexible	Angustiar	Aguzado-a
Infeliz	Torpeza	Dolor	Listo-a
Triste	Torpe	Tristeza	Inteligente

AGRESIVIDAD	FALSEDAD	GENEROSIDAD	CADUCIDAD
Agredir	Falso-a	Generoso-a	Caducar
Agresor-a	Falsear	Dar	Caducado-a
Agresivo-a	Verdad	Repartir	Obsoleto-a
Lucha	Auténtico-a	Compartir	Inútil
Pelea	Mentira	Ofrecer	Viejo-a

VICIO	DESTREZA	TEMERIDAD	CONSTANCIA
Vicioso-a	Diestro-a	Temerario-a	Constante
Viciar	Pericia	Imprudente	Tenacidad
Enviciarse	Hábil	Arriesgar	Tesón
Costumbre	Habilidad	Arriesgado	Firmeza
Pecado	Soltura	Peligro	Veleidad

GARANTÍA	DINAMISMO	AMABILIDAD	PACIFISMO
Garantizado-a	Dinámico-a	Amable	Pacífico-a
Garantizar	Móvil	Amar	Pacifista
Fiabilidad	Movimiento	Simpatía	Pacificar
Confianza	Veloz	Simpático-a	Belicoso-a
Fiable	Velocidad	Gentileza	Guerra

TORPEZA	RAPIDEZ	DESPISTE	SABIDURÍA
Torpe	Rápido-a	Despistar	Sabio-a
Entorpecer	Lento-a	Despistado-a	Saber
Ágil	Velocidad	Atención	Ignorante
Agilidad	Veloz	Atento-a	Ignorancia
Lentitud	Tiempo	Distracción	Estudio

10. Como anillo al dedo

1. Clasificación:	Vocabulario

2. Destrezas: ✓ Comprensión oral. ✓ Expresión oral. ✓ Comprensión escrita.	3. Nivel: ✓ Superior.

4. Duración: Una sesión de 50 minutos.	5. Organización: ✓ En parejas y toda la clase.

6. Material: ✓ Tarjetas para cada alumno, con diferentes situaciones (*vid.* MF-1). ✓ Baraja de expresiones recortables (*vid.* MF-2).	7. Objetivos: ✓ Lingüísticos: — Vocabulario relacionado con el campo semántico de la situación simulada (*bancos, tiendas, bares y restaurantes, trabajo, en casa* ...) y expresiones. — Práctica de todas las estructuras gramaticales aprendidas. ✓ Comunicativos: Reaccionar en diferentes registros y situaciones, usando expresiones coloquiales adecuadas.

Desarrollo de la actividad:

Semidirigida

1. El objetivo principal de la actividad es el **uso de determinadas expresiones coloquiales,** no su aprendizaje. Para ello, antes de iniciar la actividad, el docente debe cerciorarse de que los alumnos recuerdan todas esas expresiones.

   Se recortan todas las tarjetas de las expresiones (*vid.* MF- 2) y se reparten entre los alumnos, como si fuese una baraja. Los alumnos no deben ver las tarjetas de sus compañeros. (Hay veinte expresiones. Si los grupos son pequeños, cada alumno tendrá más de una *carta-expresión).*

2. Los alumnos se distribuyen en parejas, colocados uno frente al otro. El profesor-a explica que se van a realizar simulaciones de situaciones cotidianas. Cada alumno debe desempeñar un papel y seguir las pautas que se indican en la tarjeta que se le va a dar a continuación. Es muy importante que los alumnos no enseñen las tarjetas a nadie, y, mucho menos, a su pareja. Además se van a intentar usar las expresiones que cada alumno tiene. Deben intentar introducirlas en la situación y en el momento adecuados.

3. A cada alumno de cada pareja se le entrega una tarjeta de la misma situación (*vid.* MF-1): hay diez situaciones distintas. Así pues, puede haber hasta diez parejas (veinte alumnos). Se dan unos minutos para que los alumnos piensen en la situación y pidan al docente las aclaraciones léxicas, si las hubiese.

4. Transcurrido el tiempo, empieza a simular la situación la primera pareja. El resto de los alumnos deberá estar muy atento para intentar introducir las expresiones en la situación adecuada. Hay dos expresiones de la baraja que pueden usarse en la misma situación. Cuando un alumno crea que su expresión es oportuna y adecuada, debe incorporarse correcta y oportunamente al diálo-

go: **no podrá decir simplemente la expresión.** En ese momento, si la expresión es correcta, la simulación de esa situación se acaba y empieza otra pareja. Se procede de manera semejante, hasta que se hayan completado todas las situaciones.

Los alumnos que no hayan conseguido utilizar sus expresiones, deberán escribir un diálogo parecido, utilizándolas.

Ejemplo:

ALUMNO **A**	ALUMNO **B**
EN UN BAR: — Eres cliente. — Pides algo. — No te hacen caso, pero tú pídelo más veces, insiste.	EN UN BAR: — Eres camarero. — Hay un cliente pesado. No te gusta. — No hagas caso al cliente: ve a otra mesa, dile que sí, pero no le sirvas nada ...

EXPRESIONES
Alumno **C**: *ESTAR HASTA LA CORONILLA*
Alumno **D**: *SER EL COLMO*

Diálogo:

— *Oiga, ¿puede ponerme una cerveza?*
— *Sí, sí, un momento.*

(Después de tres minutos)
— *Perdone, le he pedido una cerveza ...*
— *Sí, un momento. (Sin mirarlo).*
— *¡Oiga, que le he pedido una cerveza hace cinco minutos!.*
— *Ahora mismo.*

(Tres minutos después interviene el alumno C)
— *Debe usted estar hasta la coronilla, ¿eh? Es increíble. Lleva diez minutos pidiendo la cerveza y no le hacen caso.*
— *¿Ha visto usted?, es que ya no hay educación.*

ALUMNO **A**	ALUMNO **B**	ALUMNO **A**	ALUMNO **B**
— Eres la madre. — Es la fiesta de aniversario de bodas de tus padres. — Intenta convencer a tu hija para que vaya bien vestida. Debes insistir. Tú empiezas la conversación.	— Eres la hija. — Es la fiesta de aniversario de los abuelos. — Quieres llevar vaqueros. No cambies de idea.	— Conversación con un amigo sobre una modelo. Habláis de sus cualidades. — Tú crees que es perfecta: destaca todo lo bueno. Tú empiezas la conversación.	— Conversación con un amigo sobre una modelo. — A ti no te gusta su carácter, ni su manera de hablar, ... — Su forma de andar es horrible. Mantén tu opinión.
ALUMNO **A**	ALUMNO **B**	ALUMNO **A**	ALUMNO **B**
En un banco (Tú empiezas a hablar): — Eres el cliente: estás en una situación límite. Intenta hablar con el director. — Insiste en tu situación precaria. — Insiste poniendo ejemplos límites: Tu hijo debe dejar el colegio y ponerse a trabajar o tú debes ir a pedir a la calle. Tú empiezas.	En un banco: — Eres el director. — Accedes a hablar con el cliente, pero después de que él haya insistido mucho. — Eres muy duro y difícil de convencer. Sigue siendo duro.	En el trabajo: — Das una noticia importante a tu compañero: te ha tocado la lotería o has ganado en las quinielas. — Intenta que te crea. Insiste. Empiezas tú a hablar.	En el trabajo: — Tú sabes que tu compañero es un poco mentiroso. — No te crees nada. Insiste poniendo argumentos.
ALUMNO **A**	ALUMNO **B**	ALUMNO **A**	ALUMNO **B**
Conversación con un amigo: — Debes contar tu día horrible poco a poco: la comida se ha quemado, has roto muchas cosas, te has caído, ... y, por último, te han despedido del trabajo. Empiezas tú.	Conversación con tu amigo: — Cada vez que él te cuente algo, tú interrumpes contando cosas positivas sobre tu día: has tenido un día perfecto: te han subido el sueldo, has encontrado a alguien especial, ... Interrumpe continuamente.	En la universidad: — Mañana hay un examen. — Estás muy preocupado. — Insiste en tu preocupación. Todo te parece difícil. Tú empiezas a hablar.	En la universidad: — El examen de mañana no te preocupa. — Todo te parece fácil. — Insiste en que son tonterías lo que van a preguntar. No cedas.

ALUMNO **A**	ALUMNO **B**	ALUMNO **A**	ALUMNO **B**
Conversación con tu hijo: — Cada vez que él diga algo, tú debes demostrar que estás orgulloso de él. — Resalta que es muy bueno.	Conversación con tu padre: — Eres el hijo perfecto. — Cuenta las buenas notas que has tenido. — Cuenta cosas positivas que has hecho.	Conversación con un amigo: — Tienes un problema grave. Cuéntaselo a tu amigo y pide que te ayude. Cada vez que te dé una solución, añade una nueva dificultad al problema. Tú empiezas.	Conversación con tu amigo: — Intenta solucionar el problema de tu amigo. — Cada vez que él añada una nueva dificultad, intenta solucionarla rápidamente.

ALUMNO **A**	ALUMNO **B**	ALUMNO **A**	ALUMNO **B**
Conversación sobre una comida: — Ayer estuviste cenando en casa de otro amigo común. — Cuenta a tu amigo la comida exquisita y buena. Insiste y da detalles. Intenta darle envidia. Sigue hablando.	Conversación sobre una comida: — Ayer no pudiste ir a cenar. Tu amigo te habla de la comida. — Tú tienes hambre. No quieres oírle más. — Cada vez tienes más hambre.	En el trabajo: — Habláis sobre vuestro jefe. Pide opinión a tu compañero. — Pide más datos sobre la opinión de tu compañero. Tú empiezas a hablar.	En el trabajo: — Tú opinas que tu jefe es horrible. — Piensas que a veces es bueno y a veces es malo; un día es amable y otro es horrible.

NO CHUPARSE EL DEDO	DAR LA NOTA	SER LA OVEJA NEGRA	ESTAR CON LA SOGA AL CUELLO
HABLAR POR LOS CODOS	SER EL COLMO	ANDAR COMO UN PATO	QUEDARSE CON ALGUIEN = TOMARLE EL PELO
DÁRSELAS DE LISTO	PONER A UNO LOS DIENTES LARGOS	ESTAR ENTRE LA ESPADA Y LA PARED	ESTAR MÁS CONTENTO QUE UNAS CASTAÑUELAS
TENER MUCHAS TABLAS	SER EL OJO DERECHO DE ALGUIEN	ECHAR HUMO LA CABEZA	CAÉRSELE A UNO LA BABA
HACÉRSELE A UNO LA BOCA AGUA	DAR UNA DE CAL Y OTRA DE ARENA	NO TENER NI UN PELO DE TONTO	SER UN(A) VELETA

CONVERSACIÓN

1. El calendario de Adviento	
1. Clasificación:	Conversación

2. Destrezas: ✓ Comprensión oral. ✓ Expresión oral. ✓ Expresión escrita. ✓ Comprensión escrita.	**3. Nivel:** ✓ Elemental. ✓ Básico. ✓ Medio.
4. Duración: Dos sesiones de 50 minutos y un minuto diario durante 24 días (al empezar la clase).	**5. Organización:** ✓ En parejas o en grupos si la clase es muy numerosa.
6. Material: ✓ Cartulinas de colores (rojo, verde, ...). ✓ Papel de charol de diferentes colores. ✓ Rotuladores y lápices. ✓ Tijeras.	**7. Objetivos:** ✓ Comunicativos: Practicar la formulación de preguntas, adivinanzas, (*¿Cómo se dice...? Es algo que sirve para, Di la expresión que se utiliza en español para ...*etcétera). ✓ Culturales: Conocer las costumbres y tradiciones en torno a la Navidad de otros países. ✓ Lingüísticos: Práctica de todos los contenidos gramaticales y léxicos vistos hasta el momento de la actividad.

Desarrollo de la actividad:

Semidirigida, con preguntas / Libre, sin preguntas

1. El docente preguntará a la clase si sabe qué es el Adviento o el calendario de Adviento. Si algún alumno lo sabe, explicará al resto en qué consiste. Si no, lo hará el profesor-a. Se trata de un calendario que va desde el día 1 hasta el 24 de diciembre. Todos los días los niños abren una casilla (la del día que toque) y leen una frase, o reciben un consejo, o simplemente hay un dibujo y reciben una chocolatina o un caramelo.

   Entre todos vamos a hacer nuestro *Calendario de Adviento.*

2. Se divide a los alumnos en parejas o en grupos. Estos grupos se harán en función del número de alumnos. Por ejemplo, si hay dieciséis alumnos, se hacen ocho grupos de dos, que hacen tres preguntas cada uno. Si son doce, se harán seis grupos de dos, con cuatro preguntas.

3. Se reparten los números del 1 al 24 entre todos los grupos.

4. Cada grupo debe elaborar una pregunta, adivinanza o juego de vocabulario, por cada número que se le haya dado. Se incluyen algunos modelos en el material fotocopiable (*vid.* MF-1). Es conveniente leer algunas en voz alta antes de comenzar la actividad. Se escribe cada pregunta en un pequeño papel y se cubre con otro, que se pueda levantar. El papel que cubre la pregunta puede estar adornado o ser un dibujo, pero **es muy importante que tenga escrito su número en la parte de fuera.**

5. Cuando todos los alumnos hayan terminado de formular las preguntas y las hayan tapado con un motivo navideño, se pegan desordenadamente en una o dos cartulinas (*vid.* MF-2). Se comprueba que estén todos los números y sus correspondientes preguntas.

6. El profesor-a, o toda la clase, comprará caramelos o chocolatinas para cada día.

7. Desde el día 1 hasta el 24, se abrirá cada día el número correspondiente: el 1 de diciembre, la tarjeta o el dibujo que tenga fuera el número **1**; el día 2, la tarjeta o dibujo que tenga el **2**, ...

El viernes y el lunes se abrirán dos tarjetas (por el fin de semana). Si hay vacaciones, la clase decidirá cómo abrir los días correspondientes.

Los alumnos que hayan escrito la pregunta, la leen en voz alta. El que gane, se lleva el pequeño regalito del día.

Ejemplo:

Variantes:

Esta actividad se puede realizar también para la clase de gramática. Sirve como repaso y es bastante interesante descubrir las preguntas tan difíciles que pueden llegar a hacer los alumnos.

Para los niveles superiores hay una variante muy interesante : utilizar expresiones y refranes.

Observaciones:

Los alumnos reciben muy bien la actividad. Ellos la explican y tienen todo el protagonismo. Además, permite un intercambio cultural. Después se puede hablar de las diferentes tradiciones que hay en cada país, en cada familia, etcétera.

NIVELES ELEMENTAL Y BÁSICO

— ¿Con qué se come la sopa?
— Expresión coloquial para decir que estás muy cansado.
— Es una cosa que está en la calle y que sirve para poner las cartas dentro.
— En él pones las botellas para reciclar.
— ¿Cómo se llama el aparato para cambiar de canal?
— En un cuarto de baño hay un retrete, un bidé, una bañera y un ....
— Cuando estás muy cansado, estás "hecho ...."

NIVEL MEDIO

— Mi novio y su padre se llevan como ....
— Ayer estuve .... por Internet.
— En España los jóvenes no quieren hacer ...., porque son pacifistas.
— Cuando recuerdo a mi familia y quiero que estén aquí, es porque los echo ....
— Si voy al banco porque necesito dinero, voy a .... dinero.

NIVEL SUPERIOR

— ¿Cómo dirías coloquialmente que una clase es aburrida ?
— Más vale pájaro en mano, que ....
— No por mucho madrugar, ...
— A quien madruga, ...
— Cuando tengo sed y no puedo beber, pienso en un limón y se me hace la ....

2. Compara la noticia	
1. Clasificación:	Conversación

2. Destrezas: ✓ Comprensión oral. ✓ Expresión oral. ✓ Comprensión escrita. ✓ Expresión escrita.	**3. Nivel:**　　　✓ Medio. ✓ Superior.
4. Duración:　Dos sesiones de 50 minutos.	**5. Organización:** ✓ En grupos (estudio de las noticias). ✓ Toda la clase (debate). ✓ Individualmente (creación de la noticia).
6. Material: ✓ Diferentes noticias dadas por distintos periódicos (*vid.* MF-1). ✓ Información para crear noticias (*vid.* MF-2). ✓ Folios blancos.	**7. Objetivos:** ✓ Comunicativos: Argumentar usando la comparación y el contraste. ✓ Culturales: Conocer el lenguaje periodístico a través de diferentes periódicos. ✓ Lingüísticos: — Práctica de todos los módulos gramaticales. — Léxico relacionado con la economía, la sociedad y la cultura.

Desarrollo de la actividad:

Semidirigida

1. Se divide la clase en tres o cuatro grupos y cada uno se especializa en un tema (economía, cultura o sociedad). Es conveniente que se haga una fotocopia del material para cada alumno. Se ofrecen diferentes noticias de cada sección.

2. Cada grupo lee los artículos y analiza las posibles diferencias en el tratamiento de la noticia. Deciden qué es lo que marca las diferencias desde el punto de vista lingüístico: la letra, las palabras elegidas, la ordenación de la frase,...

3. Cada grupo expone a sus compañeros los resultados según el siguiente esquema:

1. Deben resumir brevemente y con sus palabras el contenido de la noticia.
2. Explican las diferencias en el tratamiento que le dan los diferentes periódicos.
3. Intentan explicar el porqué del cambio. En esta parte, que se presta más al debate, los alumnos de otros grupos podrán manifestar su opinión y los del grupo que haya trabajado la noticia pueden pedir opinión al resto de la clase.

4. Tras la exposición, se les ofrecen algunas fichas, que contienen, de forma telegráfica, información para elaborar posibles noticias (*vid.* MF- 2). En unos minutos los alumnos las crean.

5. Los alumnos leen en voz alta su noticia y sus compañeros pueden hacer los comentarios pertinentes. Se les debe incitar a hacer comentarios sobre el estilo de la noticia (si es característico de la persona que la escribe, si es objetivo, si tiene humor, ...). Al final, a manera de conclusión, se establecen comparaciones entre todas las noticias que desarrollen un mismo tema, analizando en qué se basan los cambios en su tratamiento.

Ejemplo:

Creación de la noticia:

> *PROFESOR AUSENTE.*
> *CITA IMPORTANTE.*
> *VIAJE URGENTE.*
> *ASUNTO PERSONAL*

Ayer el profesor Ramírez tuvo que viajar a Jamaica porque un tío suyo multimillonario acababa de morir y le había dejado en herencia todos sus millones. El profesor no ha dicho cuándo volvería.

Variante:

En lugar de leer las noticias los mismos alumnos que las han escrito, el docente puede recogerlas y leerlas él. Los alumnos deben adivinar quién ha escrito cada una, por el estilo y por lo que dice. Si se realiza así la actividad, recomendamos que todas las noticias sean escritas en papeles semejantes, para que los alumnos no puedan saber de quién es cada una.

Observaciones:

El material de esta actividad está sacado de los periódicos. Por ello, puede quedar desfasado con el tiempo. Recomendamos la utilización de Internet para su renovación.

Aquí ofrecemos algunas direcciones de interés:

http://www.elpais.es   http://www.el-mundo.es
http://www.abc.es   http://www.estrella-digital.es

Se ofrecen noticias de tres secciones: Sociedad, Economía y Cultura:

MF-1: Noticias extraídas de diferentes periódicos:

SOCIEDAD

LOS SATÉLITES PUEDEN AYUDAR A PREVENIR EPIDEMIAS, TANTO EN CLIMAS TROPICALES COMO EN LOS PAÍSES DEL HEMISFERIO NORTE

Los expertos esperan localizar enfermedades mediante el estudio de las condiciones meteorológicas

Después de haber revolucionado las telecomunicaciones y el espionaje, los satélites que giran alrededor de la Tierra podrían ser útiles para la medicina, empleando la alta calidad de sus imágenes en la detección precoz de epidemias mediante el estudio de las condiciones meteorológicas, tanto en climas tropicales, más inclinados a las epidemias, como en los países del hemisferio norte, ...

Ideal, 29-11-98

Los satélites pueden ayudar a prevenir epidemias, tanto en climas tropicales como en los países del hemisferio norte

Los expertos esperan localizar enfermedades mediante el estudio de las condiciones meteorológicas

Después de haber revolucionado las telecomunicaciones y el espionaje, los satélites que giran alrededor de la Tierra podrían ser útiles para la medicina, empleando la alta calidad de sus imágenes en la detección precoz de epidemias mediante el estudio de las condiciones meteorológicas, tanto en climas tropicales, más inclinados a las epidemias, como en los países del hemisferio norte, ...

Hoy, 29-11-98

ECONOMÍA:

Aunque no lo parezca, las noticias anteriores proceden de dos periódicos diferentes. ¿Qué reflexión provoca un hecho así?

LA UNIÓN EUROPEA PIDE "TOLERANCIA CERO" PARA LA VIOLENCIA DOMÉSTICA

Este año han muerto 32 mujeres en España por malos tratos de sus parejas.

El Ministerio del Interior ha registrado 32 muertes de mujeres, víctimas de malos tratos a manos de sus cónyuges o compañeros durante los 10 primeros meses de 1998. Según fuentes de Interior, esta cifra es mucho menor que la del año pasado (en total hubo casi 100 muertes) porque ahora sólo se tiene en cuenta la muerte por razón sentimental o divorcio, mientras que el año pasado se tenían en cuenta otras razones....

El Mundo, 24-11-98

Las muertes por malos tratos domésticos disminuyen un 59 %

JAVIER ARENAS PROMETE UN PROYECTO DE LEY QUE CONCILIE LA VIDA FAMILIAR Y LABORAL

Las noticias levemente esperanzadoras sobre los malos tratos en España (las todavía abrumadoras 32 muertes femeninas en diez meses en un 59 % las del año pasado, mientras que aumentan un 10 % las denuncias y un 1200 % las consultas (...)) marcaron ayer la clausura de la Conferencia Europea de Seguimiento de la Plataforma para la Acción.

El Sur, 24-11-98

LA UNIÓN EUROPEA RECHAZA, EN LA CUMBRE DE MADRID, LA VIOLENCIA CONTRA LAS MUJERES

Representantes de todos los Estados miembros de la Unión Europea darán hoy a conocer una declaración conjunta para rechazar, de forma inconstitucional, la violencia doméstica. Lo harán en Madrid, en la Conferencia Europea que está pasando revista a los acuerdos de la Cumbre de la Mujer. La nota, de momento, es aprobada por los pelos.

"Queda mucho por hacer". Este es el balance que ayer dos ministras hicieron sobre la Conferencia...

ABC, 24-11-98

CULTURA:

LA PELÍCULA BRASILEÑA *TRAICIÓN* GANA EL COLÓN DE ORO DE HUELVA

La película brasileña *Traición* recibió ayer el Colón de Oro al mejor largometraje de la XXIV edición del Festival de Cine Iberoamericano de Huelva, (...). El Colón de Oro de esta edición, dotado con tres millones de pesetas, recae por segundo año consecutivo en una película brasileña.

Rioja Digital, 29-11-98

La película brasileña *Traición* gana el Colón de Oro de Huelva

*El público onubense se decantó en las votaciones por la cinta peruana **Coraje**, de Alberto Durant*

La película brasileña de Arthur Fontes, Claudio Torres y José Henrique Fonseca, se alzó ayer con el máximo galardón del XXIV Festival de Cine Iberoamericano de Huelva, dotado con tres millones de pesetas otorgados por el Instituto de Cooperación Iberoamericana.

Sur, 29-11-98

La película brasileña *TRAICIÓN se alza con el COLÓN DE ORO del Festival de Cine de Huelva*

La película brasileña dirigida por Arthur Fontes, Claudio Torres y Enrique Fonseca recibió ayer el Colón de Oro de la XXIV edición del Festival de Cine Ibero-americano de Huelva, que también ha premiado el cortometraje *Sin sostén,* de México.

ABC. 29-11-98

UNA PELÍCULA BRASILEÑA GANA EL COLÓN DE ORO DEL FESTIVAL DE HUELVA

El cine brasileño se alzó ayer con el Colón de Oro. La película *Traición* obtuvo el máximo galardón del XXIV Festival de Cine Iberoamericano de Huelva, dentro de la sección oficial a concurso, dotado con tres millones de pesetas.

El Mundo, 29-11-98.

MF-2: Fichas para la creación de noticias:

*ESCÁNDALO:
ENTRENADOR DE VOLEIBOL
SANCIONADO.
PROBLEMAS CON PLANTILLA.
PRESIDENTE PIENSA SOLUCIONES.
INTERVIENEN ASUNTOS PERSONALES
Y DE DINERO.
MAÑANA SOLUCIONES.*

*MOVILIDAD Y TENSIÓN EN BOLSA.
ESPAÑOLES CAUSANTES DEL CAOS.
ASUNTO RELACIONADO CON EMPRESA
PEQUEÑA NUEVA.
MULTINACIONALES AFECTADAS.
REUNIÓN DEL F.M.I.
NO COMENTARIOS.*

*NUEVA PELÍCULA:
ÉXITO EN LA PANTALLA GRANDE.
TEMA INÉDITO.
GRAN EXPECTACIÓN EN EUROPA.
PROTAGONISTAS EXTRAÑOS.*

*SUCESO CURIOSO EN UN PUEBLO:
PERRO ABANDONADO SALVA A UNA
PERSONA.
LOS FAMILIARES PREMIAN AL ANIMAL.*

3. Antes y ahora

1. Clasificación:	Conversación

2. Destrezas: ✓ Comprensión oral. ✓ Expresión oral. ✓ Expresión escrita.	3. Nivel: ✓ Medio. ✓ Superior.
4. Duración: Dos sesiones de 50 minutos.	5. Organización: ✓ Toda la clase (la primera parte: descripción). ✓ En grupos (la parte de argumentación).
6. Material: ✓ Fotos de antes y ahora (*vid.* MF).	7. Objetivos: ✓ Comunicativos: — Práctica de la descripción. — Argumentar usando causas, consecuencias, ejemplos y conclusiones. ✓ Culturales: Conocer las diferencias de la publicidad en diferentes momentos. ✓ Lingüísticos: — Práctica de los pasados y el presente. — Conectores discursivos para describir y comparar. — Léxico relacionado con los dibujos alusivos a la publicidad.

Desarrollo de la actividad:

Semidirigida

1. Se entrega a los alumnos una copia de las fotografías y se les pide que describan lo que ven. No deben inventar datos, ni historias: deben limitarse a describir lo que ven. El docente decide cuándo una persona deja de describir y debe empezar otra.

2. Se divide la clase en seis grupos. Cada uno debe preparar la defensa de la situación reflejada en cada dibujo o foto (Grupo **A**: defensa de la publicidad para el niño antes. Grupo **B**: defensa de la publicidad para el niño ahora. Grupo **C**: Defensa de la publicidad dirigida a la mujer antes. Grupo **D**: defensa de la publicidad dirigida a la mujer ahora, ...)

   Preparan la argumentación durante diez minutos.

3. Se exponen las argumentaciones. Durante la participación de cada grupo, los otros alumnos no pueden interrumpir. Si desean preguntar, opinar, discrepar o puntualizar sobre alguna de las ideas, deberán anotarlo en un papel y hacerlo después de la intervención.

   Tras las exposiciones, los grupos contrarios (los que defienden la misma idea antes y ahora) pueden criticar la argumentación de sus oponentes. Para ello, tendrán un tiempo en el que no podrán ser interrumpidos por el resto de los alumnos. Es muy importante que los alumnos utilicen para estas críticas los datos que han ido apuntando durante las exposiciones de sus compañeros.

4. Se inicia un debate libre, con el docente como moderador.

Ejemplo:

Argumentación:

A la vista de la publicidad de los objetos del hogar que había antes, podemos empezar diciendo que la comida era mejor en todos los sentidos y desde todos los puntos de vista: era mejor el sabor, era mejor la técnica y eran mejores los ingredientes. Explicaremos a continuación, punto por punto, por qué pensamos así.

En primer lugar, el sabor era mejor porque, cuando se hacía la comida, se tenía más tiempo y, por tanto, se cocinaba a fuego lento, en una cocina como la de la ilustración. Por el contrario, si se cocina en microondas, como es habitual en la actualidad, el sabor se pierde y el pescado sabe a carne; la fruta, a pescado, ...

Por otro lado, la técnica antigua era mucho más ecológica: ¿Qué daño pueden hacer un tronco y un fuego de madera a la naturaleza? Ninguno. Es la forma más natural de cocinar; está clarísimo.

En definitiva, la calidad de la comida de antes es indiscutible. Sólo tenemos que acercarnos a un supermercado y ver que, cuando quieren ofrecernos una buena pizza o un buen dulce, siempre utilizan frases como Al estilo de la abuela, Al viejo estilo *o* Al estilo tradicional...

Podríamos citar más ejemplos y añadir muchas más ventajas, pero creemos que esto es suficiente para concluir diciendo que, indiscutiblemente, la comida de antes era mejor en todo y por todo.

Variantes:

La primera parte de la actividad puede realizarse de otra forma: la descripción de la foto la hace cada grupo en una primera parte de su exposición oral.

Observaciones:

Se han seleccionado tres temas para centrar el tratamiento de la publicidad en ellos. El docente puede elegir otros si lo desea.

ANTES

con efecto Bífidus !!

Blevit Plus

Baby Ball

Colección PRIMAVERA VERANO 1999

Hero Baby

PAPILLA DE CEREALES

8 Cereales con Miel

DESDE EL 6° MES

CEREALES HIDRO-LIZADOS

chicco
donde hay un niño

Portabebé Calypso
Ligero y manejable

Baby Elios
La "Multiusos"

Hamaca Tonic
La Compacta

ANTES

MF-3: Publicidad sobre el hombre:

ANTES

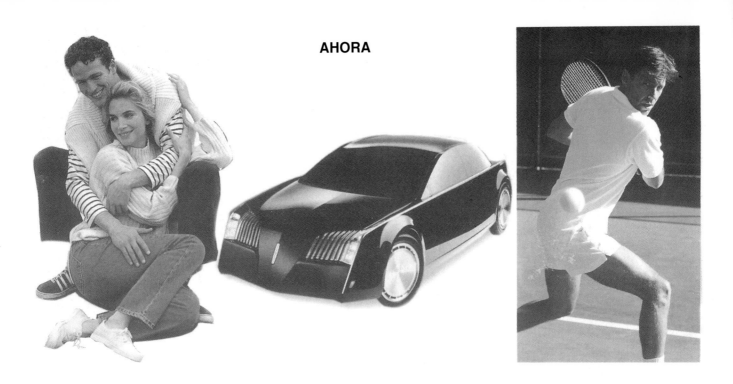

MF-4: Publicidad de objetos para el hogar:

ANTES

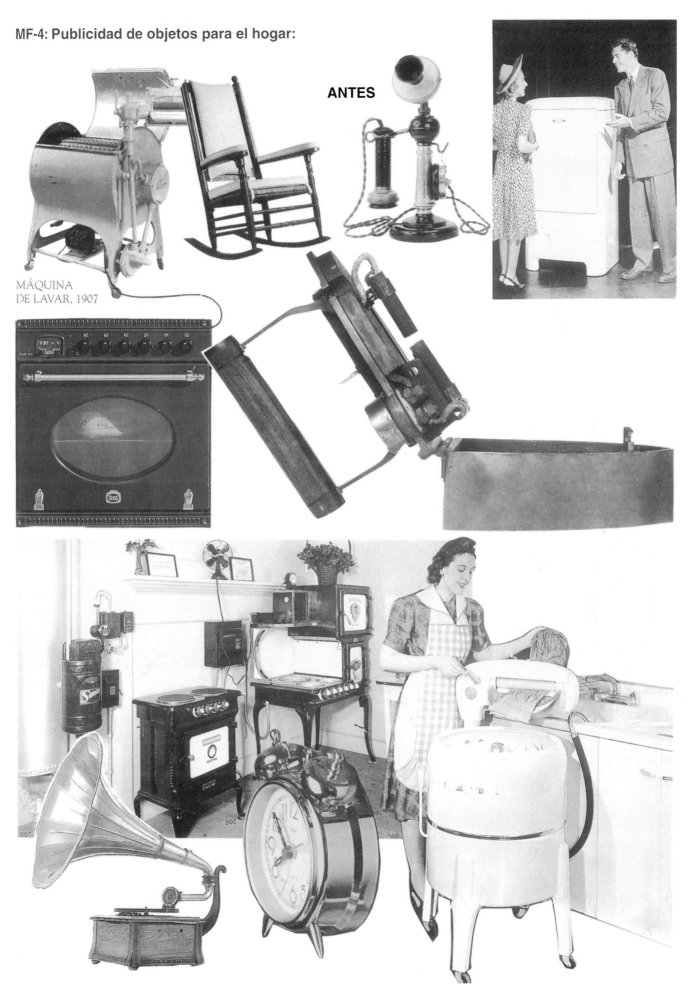

MÁQUINA
DE LAVAR, 1907

4. Carta a una madre desesperada

1. Clasificación:	Conversación

2. Destrezas: ✓ Comprensión oral. ✓ Expresión oral. ✓ Comprensión escrita. ✓ Expresión escrita.	3. Nivel: ✓ Medio. ✓ Superior.
4. Duración: Dos sesiones de 50 minutos.	5. Organización: ✓ Toda la clase. ✓ En grupos. ✓ Individual (según las partes).
6. Material: ✓ Carta inicial (*vid*. MF-1). ✓ Definiciones de enfermedades psicológicas (*vid*. MF-2).	7. Objetivos: ✓ Comunicativos: — Escribir cartas formales. — Practicar la definición y explicación de hechos abstractos. ✓ Culturales: — Intercambio de opiniones y cultura sobre la aceptación de los problemas psicológicos como enfermedades normales. ✓ Lingüísticos: — Práctica del subjuntivo en estructuras del tipo *Es conveniente que, Le aconsejamos que, Sería necesario que*, ... y del imperativo. — Léxico relacionado con las enfermedades psicológicas.

Desarrollo de la actividad:

Semidirigida

1. El docente recordará (o enseñará) el formato de una carta formal: *remitente, destinatario, fecha, saludos* y fraseología epistolar. Puede utilizar como base la carta que se presenta en el MF-1. Se lee en voz alta la carta que la madre ha escrito al consultorio donde se supone que trabajan los alumnos.

2. Los alumnos tienen que hacer de psicólogos y responder a la carta, pero teniendo en cuenta estas advertencias:
   — Esa madre es peligrosa, es esquizofrénica y ha tenido ya muchos problemas.
   — En alguna ocasión agredió a un médico, porque no le gustó el diagnóstico que le había dado sobre un catarro.
   — Sabe la dirección exacta del consultorio.

   El tiempo máximo para esta parte de la actividad es de quince minutos.

3. Se leen todas las contestaciones. Los alumnos pueden pedir explicaciones o criticar las cartas, si consideran que no son adecuadas.

4. Terminada esta fase, se pide a los alumnos que digan en voz alta nombres de enfermedades psicológicas que conozcan. El docente las va escribiendo en la pizarra. Entre todos intentan, ade-

más, definirlas o explicarlas. La experiencia nos ha demostrado que las opiniones serán diferentes en cuanto a considerar o no enfermedades algunos de los términos que dirán los alumnos. También habrá discrepancias en lo que respecta a su definición. Los alumnos deberán argumentar todas estas posibles diferencias y consideraciones.

5. El profesor-a entrega a los alumnos las definiciones de algunas de las enfermedades que han dado ellos mismos. Se comparan y se discuten las diferencias.

6. Si el docente considera que no se han tratado todos los aspectos, se puede iniciar, a manera de conclusión, un debate final sobre la *aceptación social* de estas enfermedades. Los alumnos hablan de sus experiencias. Algunas sugerencias para el debate pueden ser:

— ¿Cómo está considerado en sus países el ir al psicólogo o al psiquiatra?
— ¿Cuál de las enfermedades es considerada peor por la sociedad?
— ¿Qué enfermedades o problemas son los más comunes?
— ¿Qué importancia tienen los psicólogos en la enseñanza? ....

Ejemplo:

Querida señora:
Le aconsejamos que tome el asunto de su hija con mucha tranquilidad. Usted está haciendo lo correcto y la apoyamos para que siga actuando de la forma en que lo está haciendo. El problema de su hija es muy común entre los jóvenes y es algo pasajero. Seguro que dentro de unos días su hija comprenderá que usted sólo la quiere ayudar y le pedirá perdón por su actitud. Le aconsejamos que no sea dura con ella y que intente escucharla cuando ella lo necesite.
Esperando que nuestros consejos le hayan servido por lo menos de apoyo, nos despedimos de usted deseándole lo mejor en el desarrollo del problema.

Atentamente,

Variante:

La primera parte de la actividad, la escritura de la carta, puede realizarse oralmente, si el docente lo considera oportuno: todos los alumnos van dando soluciones a la madre, de forma oral, y discutiendo entre ellos si son apropiadas o no.

Observaciones:

El docente debe tener siempre en cuenta que algún alumno o familiar de éste puede padecer alguna de las enfermedades que se comenten. Debe, pues, informarse previamente para evitar comentarios irrespetuosos.

MF-1: Carta de la madre al consultorio :

María López
Avda. de Cervantes, 25
Palencia

Palencia, 25 de julio de 2001

Consultorio "Respuesta para todo"
Revista AMIGO
C/ Rodríguez Álvarez, 56

Estimados señores:

He leído frecuentemente los consejos que dan a las personas con problemas y me he decidido a escribirles para ver si pueden solucionar el mío. Les estaría eternamente agradecida.

Tengo una hija de dieciséis años que no me habla. No ha pasado nada especial, no hemos tenido ninguna pelea ni hemos discutido, pero no me habla. Tampoco quiere comer nada: hace dos semanas que sólo come un bollito de pan y siete vasos de agua al día. Yo antes intentaba explicarle que iba a caer enferma, que debía comer, que la anorexia es muy peligrosa... pero nada, ya me he cansado y no le digo una palabra, porque ella huye de mí.

Confío en su profesionalidad y experiencia y espero ansiosamente su respuesta.

Atentamente les saluda,

María López

MF-2: Enfermedades :

Definición de algunas enfermedades según el *Diccionario de la Lengua Española,* de la Real Academia Española, Madrid 1992 (21ª edición) y el *Diccionario General Ilustrado de la Lengua,* VOX, Barcelona, 1987(1ª edición):

ESQUIZOFRENIA: Psicosis (enfermedad mental), en la que el enfermo presenta la pérdida del contacto con el medio que le rodea.

AUTISMO: Concentración habitual de una persona en su propia intimidad, con el consiguiente desinterés respecto al mundo exterior. Su intensidad excesiva es patológica, y se representa con especial frecuencia en la esquizofrenia.

ANSIEDAD: Angustia que suele acompañar a muchas enfermedades, en particular a ciertas neurosis y que no permite sosiego a los enfermos. // Estado de agitación, inquietud o zozobra del ánimo.

PARANOIA: Perturbación mental fijada en una idea o en un orden de ideas.

CLAUSTROFOBIA: Temor morboso a los recintos y espacios limitados.

ANOREXIA: Falta anormal de ganas de comer. Inapetencia.

AGORAFOBIA: Miedo morboso a atravesar los espacios abiertos.

BULIMIA: Hambre canina.

ESTRÉS: Situación de un individuo o de alguno de sus órganos o aparatos, que, por exigir de ellos un rendimiento superior al normal, los pone en riesgo de enfermedad próxima.

HIDROFOBIA: Horror morboso al agua.

5. Tópicos típicos	
1. Clasificación:	Conversación

2. Destrezas: ✓ Expresión escrita. ✓ Expresión oral. ✓ Comprensión escrita. ✓ Comprensión oral.	3. Nivel: ✓ Medio. ✓ Superior.
4. Duración: Dos sesiones de 50 minutos.	**5. Organización:** ✓ Toda la clase. ✓ En pequeños grupos (parte escrita de elaboración de decálogos).
6. Material: ✓ Artículo de opinión (*vid.* MF). ✓ Tijeras, cartulinas, rotuladores y folios en blanco.	**7. Objetivos:** ✓ Comunicativos: Manifestar y pedir opinión. ✓ Culturales: Intercambio de costumbres y hechos cotidianos. ✓ Lingüísticos: — Adjetivos para definir el carácter y el físico. — Estructuras condicionales y uso del condicional (*Yo que tú ...; Si yo fuera a ...*). — Estructuras de subjuntivo para dar consejos (*Es necesario que ..., te recomiendo que ...,*)

Desarrollo de la actividad:

Semidirigida

1. Se pide a los alumnos que piensen en tres adjetivos para calificar a la gente de diferentes países y en otros que definan a las personas de las diferentes regiones de su propio país.

2. Los alumnos irán diciendo en voz alta los adjetivos referidos a diferentes países y el docente los escribirá en la pizarra, clasificándolos por países. Se pide al alumno que ha dado el adjetivo en cuestión, que lo argumente.

3. Se procede a la lectura del artículo (*vid.* MF). Tras solucionar las dudas léxicas, se inicia un debate libre comparando el contenido del artículo con lo que anteriormente han dicho los alumnos.

4. Cuando se hayan discutido todos los adjetivos y definiciones, se inicia el debate sobre las distintas regiones de cada país. Cada alumno expone su opinión, argumentándola lo mejor posible: por qué es así, el origen de esa opinión, si es un tópico o cree que es verdad, ...

5. Finalizado este punto, se divide a los alumnos por parejas o grupos. Cada uno elabora dos decálogos con:

— *Consejos para no hacer el "guiri" en su país* : Cosas que sean típicas del país o países de los miembros del grupo. Es importante hacerles entender que deben pensar en su país. (Ejemplos*: Es conveniente que, cuando subas al autobús, no te sientes al lado de alguien si hay más sitio libre, Es usual dar propina al camarero...*)

121

— *Explicaciones sobre lo que ellos hacen para no sentirse ni parecer "guiri" en un país extranjero.* Aquí los alumnos pueden contrastar las experiencias que tengan en países diferentes; no sólo estamos hablando de España. (Ejemplos: *Es estrictamente necesario que no te pongas zapatillas de verano en invierno si no quieres parecer un típico extranjero, Es ridículo que vayas al supermercado y compres la fruta o las verduras por unidades, porque...).*

6. Se exponen en clase los distintos decálogos y se discuten, si se considera oportuno. Cada grupo elabora un mural que puede colgarse en la clase.

Ejemplo:

Primera parte: opinión sobre diferentes países mediante adjetivos:

> *Yo considero que los franceses son un poco orgullosos y están orgullosos. Son orgullosos porque siempre miran al resto de la gente por encima del hombro. Creo que están orgullosos de su lengua y la defienden, pues cuando yo estuve en París me sorprendió que no hablaran en inglés, excepto si era estrictamente necesario.*

Variantes:

Esta actividad puede adaptarse a niveles más bajos, escogiendo sólo parte del artículo y realizando la parte escrita con otro tipo de estructuras (*Tener que* + INFINITIVO, *Hay que* + INFINITIVO, *Deber* + INFINITIVO ...)

No me gusta nada Noruega. El sol nunca se pone, los bares nunca abren y todo el país **apesta a arenques**"

Evelyn Waugh, escritor
(1903-1966)

Francia sólo puede tener un papel directivo en épocas de florecimiento, cuando se trata de comunicar a lo conseguido la última perfección. **Abrir caminos nuevos es cosa ajena a este pueblo.**

Herman Keyserling,
filósofo y escritor lituano
(1880-1946).

Es más fácil **poner de acuerdo** a todo el mundo que a una docena de españoles.

Jacinto Benavente,
dramaturgo español
(1866-1954).

Se reprocha a los alemanes que unas veces **imiten a los ingleses y otras, a los franceses**, pero es lo mejor que pueden hacer, pues reducidos a sus propios medios no podrían darnos nada sensato.

Arthur Schopenhauer, filósofo
(1788-1860)

Seamos francos: la contribución tecnológica italiana al género humano terminó con **el horno para la pizza.**

Bill Bryson (1951).

En América **cualquier joven puede ser presidente.** Supongo que ése es el riesgo que tienen que correr.

Adlai Stevenson, político
(1900-1965).

¡Están locos estos extranjeros!

Juntos pero no revueltos. Todos nos hemos sentido extranjeros en alguna lengua y hemos tenido que escuchar los clásicos tópicos, a menudo hirientes, por lo que de verdad hay en ellos.

Los canadienses son americanos **sin Disneylandia.**

Margaret Mahy (1938).

Un inglés, incluso cuando está solo, forma una ordenada **fila de a uno.**

George Mikes, periodista británico,
de origen húngaro (1912).

6. Conocer a famosos		
(biografía entre todos)		
1. Clasificación:		Conversación
2. Destrezas: ✓ Expresión oral. ✓ Comprensión escrita. ✓ Comprensión oral.		**3. Nivel:** ✓ Medio. ✓ Superior.
4. Duración: Una sesión de 50 minutos.		**5. Organización:** ✓ Toda la clase.
6. Material: ✓ Biografías, divididas en trozos recortables, de personas famosas. (*vid.* MF-1). ✓ Reproducciones de dibujos realizados por el personaje elegido (*vid.* MF-2). ✓ Algunos fragmentos escritos por el personaje elegido (*vid.* MF-3).		**7. Objetivos:** ✓ Comunicativos: — Contar una biografía ordenadamente. — Manifestar opinión sobre gustos y preferencias. ✓ Culturales: Conocer a escritores, artistas, ... españoles e hispanoamericanos. ✓ Lingüísticos: — Práctica del presente y de los pasados. — Uso de los conectores temporales *(Primero..., Después..., Más tarde..., Al + infinitivo...).*

Desarrollo de la actividad:

Dirigida

1. Se trata de contar, entre todos, la vida de un personaje famoso. Para ello, el docente reparte un trozo de la biografía (*vid.* MF-1) que está en presente, pero **de forma desordenada.**

   Si el grupo es muy numeroso, la actividad puede realizarse por parejas.

2. Se les da tiempo para que solucionen individualmente los problemas de vocabulario.

3. Cada alumno debe contar en voz alta su parte de la biografía, pero **ordenadamente y en pasado.** Para ello, deben prestar atención a sus compañeros, con el fin de poder ordenar coherentemente los hechos. En la biografía siempre hay datos suficientes para que el alumno sepa cuándo tiene que entrar él (fechas, alusiones a épocas de la vida de la persona,...).

4. Cuando todos los alumnos terminen de hablar, se comenta el autor descrito. Si es posible, se leerá o se verá algo sobre él. Al ser autores muy conocidos, no será difícil encontrar material en cualquier biblioteca o en Internet.

   Hemos añadido algunos dibujos y textos del personaje seleccionado (*vid.* MF- 2 y 3). La parte de los dibujos sirve para que los alumnos opinen e interpreten. Como ya conocen a su autor, poseen más datos en los que apoyar sus exposiciones. Tras la lectura de los textos seleccionados, se inicia un debate final.

5. Como parte final, se puede pedir a los alumnos que cuenten la biografía de algún personaje especial que ellos conozcan.

Ejemplo:

Federico García Lorca nació, en 1898, en .... (sigue otro alumno). *Cuando era pequeño tuvo algunos problemas para mover su pierna, porque...* (sigue otro alumno). *En 1908 estudió el bachillerato en Almería ...* (sigue otro alumno) etcétera.

Variantes:

Se puede ampliar la actividad haciendo que cada alumno elija a un famoso de su país. Puede contar la biografía o elaborarla de la misma manera para otra sesión.

Ofrecemos la biografía de Eva Perón (*vid.* MF-4) .

Observaciones:

El orden de las biografías es el que aparece en el MF. No las hemos desordenado con el fin de facilitar el trabajo del docente a la hora de corregir.

Es una manera amena y participativa de introducir a los alumnos en la cultura española e hispanoamericana. Resulta mucho más atractivo para alumnos extranjeros conocer a estas personas así, que oyendo al profesor-a.

En nuestra experiencia los alumnos han presentado biografías de personajes diversos; por ejemplo, de Bukowski, Dalí, Miró, ... Los alumnos que no conocían a estos personajes estuvieron muy participativos y receptivos, preguntando detalles y pidiendo aclaraciones.

Durante los últimos años se ha hablado mucho de Federico García Lorca, famoso poeta de la Generación del 27. Esta Generación se considera la representante de las vanguardias en España. A ella pertenecen artistas muy variados que vivieron juntos, durante los años veinte, en la Residencia de Estudiantes, de Madrid y que reaccionaron contra los movimientos culturales inmediatamente anteriores en el tiempo. Empezaron a abrirse al exterior y puede verse en sus obras la influencia de los movimientos de vanguardia vigentes en Europa en esos momentos.

El 5 de Junio de 1898 nace en Fuente Vaqueros, un pequeño pueblo en la provincia de Granada.
Sus padres son Federico García Rodríguez, propietario agrícola y Vicenta Lorca Romero, maestra.

De niño, tiene problemas para mover una pierna. Este pequeño defecto le acompañará toda su vida.
La familia se desplaza a Valderrubio, donde Federico se muestra muy sensible y amante de la naturaleza y descubre el cante flamenco y los títeres.

En 1908 estudia Bachillerato en Almería.
Continúa sus estudios en Granada y comienza a estudiar música.
En 1916 viaja por toda España para ampliar estudios.
Comienza a escribir sus primeros poemas.

En 1917 publica su primer texto: *Fantasía simbólica*.
Al año siguiente publica *Impresiones y paisajes*.
En 1919 se instala en la Residencia de Estudiantes, de Madrid, donde viven otros escritores e intelectuales.
En 1920 fracasa su primera obra de teatro, *El maleficio de la mariposa*.

En 1923 se licencia en Derecho por la Universidad de Granada.
En 1924 comienza a escribir el *Romancero gitano*.
En 1926 publica la *Oda a Salvador Dalí*, a quien le une una profunda amistad.
En 1927 estrena *Mariana Pineda*.

Entre 1929 y 1930 se dará el período más creativo de la obra de Lorca.
Viaja a Estados Unidos. En Nueva York se inspira para uno de sus libros más famosos, *Poeta en Nueva York*, que supone un notable cambio de estilo en su obra.
Visita Cuba, donde da conferencias sobre el cante jondo o flamenco.
Escribe una de sus obras de teatro más conocidas, *El público*.

En 1932 el gobierno de la República aprueba *La Barraca*, una compañía de teatro con la que Lorca recorre España hasta 1935.
Visita Argentina con motivo del gran éxito de *Bodas de sangre*, una tragedia de ambiente rural sobre la violencia en Andalucía.
En Diciembre de 1934 estrena, con gran éxito, otra tragedia, *Yerma*, sobre una mujer estéril.
En 1935 publica el *Llanto por la muerte de Ignacio Sánchez Mejías*, un torero amigo del poeta.

En 1936 termina su tercera tragedia, *La casa de Bernarda Alba*, una obra sobre la sumisión de la mujer.
Se une al Frente Popular (unión de partidos de izquierda). El 16 de Agosto, días después de empezar la Guerra Civil, es detenido. Muere asesinado el día 18 ó 19, a las afueras de Granada.

MF-2: Dibujos de Federico García Lorca:

MF-3: Fragmentos de poemas de Lorca:

Las profundas heridas
de los arados
han dado racimos
de lágrimas.
El hombre, bajo el sol,
recoge el llanto
del fuego.

En esta mañana de mayo,
en que las dichas sus flores
alcanzan,
¡qué amargura tan dulce es querer
un amor imposible y doliente!

La miel es como el sol de la mañana:
tiene toda la grandeza del estío
y la frescura vieja del otoño.
Es la hoja marchita y es el trigo.

Tan, tan
¿Quién es?
El otoño otra vez.
¿Qué quiere el otoño?
El frescor de tu sien.

La luz del otoño
tiene el dulce encanto de las madres buenas:
Mece a los paisajes
en rosa sonoro
con manos de frondas
Y manos de niebla.

MF-4: Biografía de Eva Perón:

Nace en Los Toldos (Buenos Aires).
Inicia su carrera artística a los 15 años de edad.
María Eva Duarte de Perón, más conocida como Evita Perón, es una importante actriz y política argentina, segunda esposa de Juan Domingo Perón.

Conoce a Juan Domingo Perón en 1944, año en el que ya es una popular actriz de radionovela. Se casa con él en 1945.
Eva busca apoyo para su marido durante la campaña presidencial. Ambos desean que Juan sea presidente de la nación; por eso logra ser muy popular.

En 1946 su marido es elegido presidente. A partir de ese momento, Eva empieza a desempeñar un papel muy activo en el gobierno. Se convierte en su enlace con los sindicatos. Crea la *Fundación de Ayuda Social Eva Perón* y organiza la rama femenina del Partido Peronista.

En 1949 ya es la segunda figura más influyente de Argentina y la más querida por las clases trabajadoras, los *descamisados*, como ella los llama.
Nunca llega a obtener un cargo oficial; sin embargo, es responsable de los Ministerios de Sanidad y Trabajo.

Trata de alcanzar la Vicepresidencia en 1951, apoyada por la Confederación General de Trabajo (CGT), pero el ejército la obliga a retirar su candidatura.

En 1952 muere en Buenos Aires.
Su cadáver es trasladado a Italia y más tarde, a Madrid, después de que algunos militares lo secuestren. Este episodio hace que su figura se haga todavía más mítica entre el pueblo argentino.

En 1975 la tercera esposa de Juan Domingo, y entonces presidenta de Argentina, Isabel, traslada el cadáver de Evita de nuevo a su país, aunque esto se critica por parte de los sindicalistas peronistas, que lo consideran una maniobra política.

Sus rivales o enemigos, pertenecientes a la élite tradicional, la odian porque se sienten especialmente ofendidos con su política; sobre todo, cuando decide cortar las subvenciones del Gobierno a la Sociedad de Beneficiencia.

7. Estaba prohibido

1. Clasificación:	Conversación

2. Destrezas: ✓ Comprensión oral. ✓ Expresión oral. ✓ Comprensión escrita. ✓ Expresión escrita.	**3. Nivel:** ✓ Medio. ✓ Superior.
4. Duración: Tres sesiones de 50 minutos.	**5. Organización:** ✓ Individual (para la primera parte). ✓ Toda la clase (para la segunda parte).
6. Material: ✓ Tarjetas individuales por temas para cada alumno (*vid.* MF- 1). ✓ Artículo introductorio para clases que no conozcan el tema (*vid.* MF- 2).	**7. Objetivos:** ✓ Comunicativos: — Resumir y explicar un hecho ordenadamente. — Aprender a comparar con estructuras complejas. — Practicar cómo dar o pedir opinión. ✓ Culturales: Conocer una época importante en la historia de España. ✓ Lingüísticos: — Práctica de los pasados. — Uso de estructuras para expresar la comparación. — Práctica del subjuntivo (*Estaba prohibido que ..., Era necesario que ..., No había tanto,-a, os-as ... como ...*).

Desarrollo de la actividad:

Semidirigida

1. Se le entrega a cada alumno uno de los temas donde se explican cosas que estaban prohibidas en los años posteriores a la dictadura de Francisco Franco (*vid.* MF-1). Todas son cosas que estaban prohibidas.

2. Los alumnos disponen de un tiempo para solucionar los posibles problemas de vocabulario y para pensar sobre el tema (unos veinte minutos), pues después deberán comentarlo a sus compañeros. El docente ayudará al alumno que lo requiera, pero en privado.

3. Cada alumno debe hablar de su pequeño tema a todos sus compañeros, pero **utilizando sus palabras**. Es importante recordar que no deben leer, sino explicar lo que han leído. Tras la explicación, sus compañeros pueden pedir aclaraciones o hacer matizaciones. El alumno deberá responder.

4. El mismo alumno comparará el planteamiento del tema con el de su país y pedirá a otros alumnos de distintas nacionalidades, que comenten si es igual o no en sus países. Cuando termine, será otro alumno y otro aspecto del tema el que se trate, hasta que todos los alumnos hayan hablado.

5. Se pide a los alumnos que escriban un comentario sobre todo lo que se ha hablado, manifestando su opinión y comentando los aspectos más sorprendentes, más parecidos a su país, más incomprensibles, ... de todas las participaciones.

Sugerimos que se complemente el debate viendo documentales sobre la época o películas (*Cría cuervos,* de Carlos Saura, *Viridiana,* o *Bienvenido, Mr. Marshall,* de Berlanga ...).

Ejemplo:

Yo voy a hablar del aborto en esos años. Estaba prohibido abortar, pero las mujeres iban a otros países para hacerlo. La legalización llegó en 1985. A mí esto me ha parecido sorprendente porque en mi país era totalmente diferente ... Pienso que es mejor que las mujeres tengan esta posibilidad, porque ...

Variantes:

En los niveles más bajos, pueden utilizarse sólo algunos de los temas, y leerse en común. Después de la lectura cada alumno manifiesta su opinión (más o menos extensamente).

Se puede iniciar la actividad de forma diferente: con un artículo adaptado, que serviría de introducción al tema. Esta variante va destinada a clases que no conozcan nada sobre esta época de la historia de España (*vid.* MF- 2).

Observaciones:

Es una actividad que resulta muy atractiva a los alumnos, pues conocen algo más sobre esta época (que siempre despierta su interés), pero siendo ellos los comunicadores de los hechos y sus comentaristas.

LA LIBERTAD RELIGIOSA

La asignatura de religión era obligatoria para todos los estudiantes, quisieran o no. La tradicional *maría* (asignatura que se considera que no tiene mucho valor y que no se estudia con interés) salió de la Universidad en 1977 y dos años después se hizo optativa y no evaluable en la enseñanza secundaria. Las personas que querían hacerse protestantes tuvieron que esperar a 1980.

EL ABORTO

Ni por violación, ni por malformación del feto.

Aunque había datos que decían que unas 300.000 españolas abortaban cada año en Londres, no estaba permitido el aborto.

Hasta 1985 no fue legal.

LA IKURRIÑA

Estaba prohibido ondear la bandera en el País vasco.

Tras 40 años de prohibición, en 1977 pudieron hacerlo.

Veinticinco mil personas vitorearon la bandera nacionalista vasca la noche del 19 de enero.

HOMOSEXUALIDAD

Los homosexuales eran detenidos o iban a la cárcel cada vez que las autoridades querían.

Como excusa sólo era necesario decir que eran exhibicionistas o que estaban causando escándalo público.

Se consideraba que eran peligrosos sociales y por eso aparecieron en la Ley de Peligrosidad Social hasta 1979.

DROGAS

Los *porros* no estaban permitidos, aunque algunas personas, como Enrique Tierno Galván, alcalde de Madrid, animaban públicamente a *colocarse*.

Pero fumar hierba y hachís era algo normal desde finales de los años sesenta. La despenalización de *porros* y droga más dura, para uso personal, llegó en 1983.

PARTIDOS POLÍTICOS

El 9 de abril de 1977 se legalizó el P. C. (Partido Comunista). Antes habían sido legalizados los partidos socialistas. Comenzó el retorno de los exiliados que habían salido del país por razones políticas. Algunos de ellos, muy famosos: Alberti, La "Pasionaria", Tarradellas, Santiago Carrillo...

TRABAJO FEMENINO

Las mujeres no podían trabajar de noche, ni tampoco tenían acceso a trabajos duros o significativos, como la minería o el ejército. En 1988 empezaron a entrar en el ejército y en 1994 pudieron bajar a trabajar a las minas, dos años después de que el Supremo lo permitiera.

LIBERTAD DE EXPRESIÓN

En 1978, aunque había ya desaparecido la censura, un grupo teatral muy famoso fue condenado a dos años de prisión por "injurias al Ejército". La condena hizo famosos a *Els Joglars* y la careta blanca con una raya roja en la boca se convirtió en el símbolo de la libertad de expresión.

HUELGA

Las cárceles estaban llenas de huelguistas y de sindicalistas. En marzo de 1980, con el Estatuto de los Trabajadores, se consiguió implantar el derecho a la huelga en España.

MANIFESTACIONES

El Primero de Mayo de 1977, los trabajadores no tuvieron suerte: la manifestación en Madrid fue prohibida. Se puso como excusa que era una provocación a la derecha. Hubo que esperar a la Constitución para manifestarse en la calle sin miedo a la policía.

MATRIMONIO CIVIL

El matrimonio *por lo civil* no fue posible hasta 1978. Hasta ese momento, si alguna pareja se quería casar en el juzgado, debía pedir permiso a la Iglesia, pasando por interminables barreras burocráticas eclesiales.

EL ÚLTIMO TANGO EN PARÍS

Esta película no llegó a las pantallas españolas hasta octubre de 1977.

Los seguidores de Marlon Brando tenían que viajar a Francia si querían verla.

CENSURA	NUDISMO	DIVORCIO	ANTICONCEPTIVOS
El día 1 de abril de 1977 desapareció la censura. La prensa y los libros volvieron a respirar. *El laberinto español,* de Brenan y los libros de Miller saltaron a los escaparates, así como el famoso destape (fotos de personas sin mucha ropa).	En 1978, el Ministerio del Interior decidió autorizar el desnudo en playas *naturistas.* Las personas que lo practicaban antes podían ser encarceladas.	El divorcio era considerado como la *condena a muerte de la familia* y una *fábrica de huérfanos.* Por eso estaba prohibido. La ley que lo empezó a permitir salió en 1981. Antes, las personas que vivían juntas, o que eran adúlteras (es decir, que mantenían relaciones sexuales fuera del matrimonio), podían ir a la cárcel.	El tradicional y vergonzoso *condón* estaba mal visto por todos. La Iglesia lo prohibía, las farmacias lo ignoraban, los "progres" lo rechazaban porque decían que disminuía el placer. La píldora era un lujo que sólo podían conseguir los que tenían amigos médicos, pues para comprarlas se necesitaba la receta. La legalización llegó en 1978.

MF-2: Artículo para clases que no conozcan el tema:

(Artículo para variante de la actividad. Introducción al debate).

Año importante para los cambios: 1977

¿Qué estaba prohibido en esas fechas? Los pesimistas contestarían: "Todo". Los optimistas dirían que prácticamente todo. Los pragmáticos, que era mucho mejor preguntarse qué no estaba prohibido. Pero 1977 fue, sin lugar a dudas, un año glorioso: Empezaron a caer todos los tabúes como cerezas maduras. Se había destapado la olla a presión de las prohibiciones y saltaron con tal fuerza por los aires, que fue imposible esperar a los votos para eliminarlas.

Entre los grandes cambios que ocurrieron podemos citar:

— Los informativos: Antes sólo existía uno, el famoso *parte.* A partir de este año, las emisoras privadas podían emitir sus noticias.
— La pena de muerte se eliminó en 1978.
— La objeción de conciencia para hacer el servicio militar fue reconocida en 1979, pero sólo por motivos religiosos. La otra tuvo que esperar hasta 1984.
— Las organizaciones secretas liberales (masonería) tuvieron que permanecer escondidas hasta 1979.
— En 1977 las mujeres que estaban casadas pudieron empezar a comprar y a vender bienes sin el premiso de sus maridos.
— En 1978 la mayoría de edad se estableció en dieciocho años.

---

8. Costumbres culinarias

1. Clasificación: Conversación

2. Destrezas: ✓ Comprensión oral. ✓ Expresión oral. ✓ Expresión escrita. ✓ Comprensión escrita.	**3. Nivel:** ✓ Medio. ✓ Superior.
4. Duración: Dos sesiones de 50 minutos.	**5. Organización:** ✓ En pequeños grupos.

6. Material:
✓ Tabla para realizar el cuestionario. (*vid.* MF-1).
✓ Artículo adaptado de la revista *QUO*. (*vid.* MF-2).
✓ Folios en blanco.
	7. Objetivos:
	✓ Comunicativos:
	   Hablar de costumbres y frecuencia.
	✓ Lingüísticos:
	— Practicar los campos semánticos de alimentos, bebidas y costumbres.
	— Elaborar una encuesta.
	—Argumentar mediante causas, consecuencias, ejemplificaciones y conclusiones.
	✓ Culturales:
	   Conocer costumbres de los diferentes países relacionadas con la comida y la bebida. Así establecerán semejanzas y diferencias con su país.

Desarrollo de la actividad:

Semidirigida, con preguntas. Libre

1. Los alumnos preparan una encuesta que determine las costumbres de los diferentes países del mundo, con respecto a la comida y a la bebida. Se les incitará a que para eleborarla, no sólo pregunten a sus compañeros sobre las de su país, sino también sobre las de otras culturas: gustos, tópicos, experiencias, etcétera (*vid.* MF-1).

2. Los alumnos elaborarán las preguntas de la encuesta. Para ello dividiremos la clase en grupos y cada uno se encargará de un campo semántico, por ejemplo el grupo **A** preguntará sobre el **1** y el **3**, el **B** sobre **2** y **4**, el **C** sobre **5** y **6** etcétera. Si son más grupos, el docente podrá dividir aún más los campos que se han propuesto en MF-1. Aconsejamos que las preguntas sean, en total, veinticinco.

3. Finalizada la preparación del cuestionario, el profesor-a recoge las preguntas y las lee en voz alta. Los alumnos las contestarán libremente. Los alumnos que hayan elaborado cada parte del cuestionario deberán recoger en un papel los datos destacables que los demás digan.

4. Tras esta fase de recopilación de datos, se vuelven a reunir los distintos grupos para realizar una puesta en común y elaborar, de forma breve y clara, conclusiones sobre su apartado. Es importante insistir en que no se trata de hacer conclusiones de un solo país, sino de las costumbres culinarias internacionales.

5. Se entrega el artículo *¡Que aproveche!* (*vid.* MF-2). Cada grupo puede trabajar con uno o dos países o el profesor puede entregar el material de los países que no han sido comentados. Se leen y se solucionan las posibles dudas de vocabulario. A continuación se comparan los resultados del alumno con los del texto, mediante un debate libre.

Ejemplo:

Ejemplo 1: Fase de elaboración de las preguntas	**Ejemplo 2:** Fase de contestación de las preguntas
— *¿Cuántas veces al día se come en Japón?* — *¿Y en tu país?* — *En el último viaje que has hecho, ¿qué tipo de alimentos se comían más?*	— *En Japón se come tres veces al día, pero en el último país que visité, se come cuatro, aunque yo sólo comía una vez, porque no tenía dinero. Mi último viaje fue a Alemania y allí la patata es la reina.*

Ejemplo 3:
Debate libre

Peter: *Me ha sorprendido que las especias sean el ingrediente más utilizado en la cocina internacional, porque en mi casa no se usan, y además yo odio la pimienta ...*

Marie: *De todo lo que hemos leído en el artículo, me ha llamado la atención que digan que en España se come mucha fruta, porque yo he visitado el norte y lo que más consumen es carne ...*

MF-1: Tabla para elaboración de preguntas:

1. FRECUENCIA DE LAS COMIDAS Y TIPOS DE ALIMENTOS QUE SE CONSUMEN		
2. PREPARACIÓN / ELABORACIÓN		
3. COSTUMBRES SOCIALES EN TORNO A LA MESA: — Preparación de la mesa. — Elementos imprescindibles. — Posición de los comensales (situación formal / informal) — Orden de los platos.		
4. IMPORTANCIA DE LAS BEBIDAS COMO ACOMPAÑAMIENTO Y PLATOS TÍPICOS DE OTROS PAÍSES O CULTURAS		
5, IMPORTANCIA DE LA COMIDA Y LA BEBIDA EN LAS CELEBRACIONES Y FIESTAS DEL PAÍS		
6. ALIMENTOS O BEBIDAS A LOS QUE SE LES ATRIBU-YEN CUALIDADES ESPECIA-LES: CURATIVAS, ENERGÉTI-CAS O MÁGICAS		

España: la mayor cantidad de vitamina C	China: la sopa, al final	Marruecos: menos carne	México: picante, picante
La cocina española es muy energética, aunque, a diferencia de lo que ocurre en otros países europeos, se come menos carne, que se complementa con un alto consumo de pescado, legumbres y cereales —en forma de pan y arroz—.

El aceite de oliva, junto con el de semillas, constituye el noventa por ciento de las grasas que se usan para cocinar.

Los platos que se cocinan con mayor frecuencia son los arroces y los pescados. Hay un plato común en todas las regiones españolas, que es el cocido.

La repostería no es tan popular y se sustituye a menudo por la fruta.

El vino es la bebida que suele acompañar a casi todas las comidas.

Se usa gran cantidad de hierbas y especias, como el romero, el tomillo, la salvia y el comino. | La dieta china se basa en las hortalizas, el arroz, el pescado y la carne, que se usan como complementos. En un plato chino hay la cuarta parte de carne que en uno occidental. Es una cocina rica en hortalizas, como el *bok choy* (una clase de col), la coliflor y el brécol.

Existen cuatro cocinas típicas:
— Pekin
— Shangai
— Szechua
— Cantón,
aunque esta última es la que más éxito tiene en Occidente. En las otras se sirven sopas de gato o de serpiente. En la comida china no hay postre ni tampoco se usan productos lácteos.

Preparan la carne en trocitos, con un poco de aceite, rehogándolos para que no pierdan demasiadas vitaminas.

Durante la comida se intercalan dos platos dulces, y las sopas se sirven al final. Las bebidas tradicionales: té y vino de arroz. | La dieta marroquí no es muy energética y se basa en los guisos con frutas y verduras y en el consumo de cereales y legumbres. La carne —cordero, pollo o ternera; nunca cerdo— y el pescado, se comen con moderación.

Se usan frutos secos como guarnición o como ingredientes y hay una gran utilización de aceite de semillas (girasol, soja).

La reposteria es variadísima y muy dulce. Se utilizan mucho la miel, las hierbas y las especias.
Para cocinar se usa la mantequilla, y la bebida nacional es el té verde o *chay.*
El *cous-cous* es el almuerzo tradicional de los viernes en los países del Magreb, donde se come con los dedos. Destaca también el *tajine,* que es un estofado de carne con verduras. | La dieta de este país es la más autóctona del Nuevo Continente. Está basada en la combinación de legumbres y granos. Las frutas frescas y las hortalizas son también elementos fundamentales de esta dieta.

En algunos platos se usa carne de origen europeo —pollo, cerdo—, pero siempre en cantidades pequeñas.

En México se comen también larvas, gusanos, hormigas... Y en muchos sitios se sirven *chapulines* o *grillos,* que tienen muchas proteínas.

Contrariamente a lo que pensamos, la comida mexicana no es muy picante, aunque se condimenta con cilantro, comino, orégano, o ajo .

El *chile* es rico en vitamina C y minerales, y contiene *capsaicina,* una sustancia que activa la circulación de la sangre y estimula la digestión. Los *frijoles refritos*, el *guacamole* y los *tacos* son algunas de sus variedades más conocidas. |

Japón lo más crudo	Alemania: energía y proteínas	EE.UU.: "fast food" a todas horas
La comida japonesa es rica en hortalizas y se emplea la carne con moderación La mayoría de sus platos se basan en las legumbres, el arroz, la soja y el pescado.

Los alimentos suelen cocerse al agua o al vapor, pero también son comunes las frituras con aceites vegetales. Sus platos se acompañan con el *sake* o vino de arroz.

La soja protege frente a algunos tipos de cáncer.

Pescados como el atún o el salmón pueden proteger frente al cáncer y reducir el colesterol.

Las algas marinas, de uso común en algunos platos, son una buena fuente de vitamina B, C y E.

El té verde ayuda a prevenir la caries.

Los platos más conocidos de la comida japonesa son el *sahimi*, pescado cortado en finas lonchas, y el *sushi* (bolitas de arroz hervido con lonchas de pescado crudo). | Acorde con el clima de la zona, la dieta alemana es energética y protéica. Esta cocina es famosa por su excelente charcutería.

Sus platos tradicionales están basados en las carnes —de cerdo, buey o ternera—. El pescado es un plato fuerte en la región del norte, siendo el más común el arenque; aunque hay muchos otros como el salmón, la trucha o la merluza.

Los alemanes consumen poca fruta.
La carne se prepara con deliciosas salsas y se acompaña con guarnición, como patatas salteadas, con mantequilla y lombarda y col.

El pescado se prepara frecuentemente en escabeche o con fuertes salsas a base de mostaza, especias y vinagre.

Son muy aficionados a los dulces y su especialidad son los pasteles y bizcochos.

La cerveza y los vinos afrutados del Rhin son complementos indispensables en cualquier comida. | La dieta de los estadounidenses es una mezcla de todas las cocinas. Incluye muchos alimentos procesados, la mayoría de los cuales están repletos de conservantes y de grasa saturada, y no contienen apenas fibra nutrientes.

Hay un alto consumo de carne roja y no se usa el aceite de oliva para aliñar ensaladas ni para cocinar.

Se come poco pescado y poca fruta y demasiados productos lácteos y derivados —helados—. El 90% de la población estadounidense únicamente consume 1,7 porciones diarias de frutas y verduras (entre las dos), cuando la cifra más recomendable se sitúa entre 5 y 9.

Existen platos propios —aunque poco conocidos— dentro de su cocina; por ejemplo, el *Clam Chowder*, sopa con almejas. O las costillas con salsa barbacoa —la típica comida de Harlem—.

El estadounidense medio es asiduo a la *fast food*. |

India: triunfan las especias

La mayoría de sus comidas se basa en alimentos con proteínas, como las lentejas, los garbanzos y las alubias, combinados con arroz u otros cereales.

Entre los carnívoros, los menos, es común el pollo y el cordero, pero en proporciones pequeñas.

En la cocina india triunfan las especias: el cocinero hindú tiene más de 25 clases de especias distintas, con las que prepara las *mesalas* —mezclas de especias—. La más conocida es el *curry*, de sabor picante por su contenido en cayena, que da gusto a carnes y hortalizas.

Las carnes se consumen casi siempre asadas o al horno y muy pocas veces fritas.

Es común comer con los dedos, pero sólo los de la mano derecha.
Suelen acompañar las comidas con pan —*el nan*— en el norte, o con arroz en el sur.

Suelen beber yogur líquido también llamado *lassi* o té durante las comidas.

Francia: impone la norma

Francia ha conseguido alcanzar tanta variedad y refinamiento en su dieta, que la llamada cocina internacional está casi siempre inspirada en sus normas culinarias.

El elemento fuerte de las comidas suele ser, dependiendo de la región, la carne.

Las aves constituyen la base de los más diversos platos.

El pescado raras veces se sirve con guarnición. El entrante habitual de la cocina francesa es el paté y como postre se toma queso. Los franceses opinan que una comida sin queso es como un día sin sol.

El vino es un elemento esencial de la cocina francesa: no sólo se degusta en la mesa, acompañando la mayoría de las comidas, sino que se usa también para cocinar y como aliño de muchas salsas.

Uno de los platos más conocidos de la dieta francesa es la sopa bullabesa —de pescado— o el bacalao.

Italia: aroma a oliva y a ajo

En la dieta italiana se encuentra la raíz de la antigua cocina latina, vinculada a la cultura occidental. Por eso, muchos expertos aseguran que puede considerarse la madre de todas las cocinas del Mediterráneo.

En Italia existen unas cincuenta variedades de pasta, aunque también se consumen bastantes verduras y arroz.

Hay otros platos, que pueden variar de una región a otra: la cocina veneciana se caracteriza especialmente por el pescado y los mariscos del Adriático; la romana, por la pasta y la fritura.

En la mayoría de los platos italianos predominan el aceite de oliva y el aroma de ajo —*pesto*— que ayudan a reducir el colesterol.

Las carnes suelen estar adobadas con diferentes hierbas, como el romero, la salvia o la albahaca y la comida principal suele acompañarse de vino tinto.

9. Agua, tierra, fuego y aire

1. Clasificación:	Conversación

2. Destrezas: ✓ Comprensión oral. ✓ Expresión oral. ✓ Comprensión escrita. ✓ Comprensión escrita.	**3. Nivel:** ✓ Superior.
4. Duración: Dos sesiones de 50 minutos.	**5. Organización:** ✓ En grupos. ✓ Toda la clase.
6. Material: ✓ Textos referidos a los cuatro elementos (*vid.* MF-1). ✓ Cuadro para la argumentación (*vid.* MF-2).	**7. Objetivos:** ✓ Comunicativos: Aprendizaje y práctica de los elementos necesarios para desarrollar la argumentación: ejemplificar, citar, comparar, ... ✓ Lingüísticos: Vocabulario relacionado con el campo semántico del agua, la tierra, el fuego y el aire.

Desarrollo de la actividad:

Semidirigida

1. Se divide la clase en cuatro grupos y se asigna a cada uno la información relativa a un elemento (*vid.* MF-1):

   Grupo **A**: agua. Grupo **B**: tierra. Grupo **C**: fuego. Grupo **D**: aire. Es conveniente hacer fotocopias para cada alumno dentro del grupo, con el fin de hacer más fácil y productiva la lectura.

   Los alumnos leen los textos y extraen de ellos todas las acepciones diferentes de cada elemento. Si dos textos tratan, por ejemplo, el agua desde un mismo punto de vista, los alumnos sólo recogerán una de las acepciones. Deben anotar todas las diferentes acepciones en un papel. (Ejemplo: **1.** Agua = *Elemento muy necesario para la higiene y limpieza diarias.* **2.** Agua = *Aparece agua como sinónimo de río,* etc.) Si los alumnos del grupo consideran que falta alguna acepción, la añadirán ellos.

2. Cada grupo expone al resto de la clase todas las acepciones de su elemento. Es conveniente que el docente vaya escribiendo en la pizarra las diferentes acepciones resumidas en una palabra (Agua*:* **1.** *Higiene* **2.** *Mar* **3.** *Río*).

3. Entre toda la clase se eligen los dos aspectos más interesantes de cada elemento: uno negativo *(por ejemplo, el agua como destrucción)* y otro positivo *(por ejemplo, el agua como elemento indispensable para el ser humano).*

4. Se vuelven a reunir los grupos iniciales y se da a cada uno un aspecto negativo de un elemento y uno positivo de otro:

— Grupo **A**: Aspecto **positivo del agua** y aspecto **negativo del fuego**. — Grupo **B**: Aspecto **negativo del agua** y **positivo del aire**.	— Grupo **C**: Aspecto **negativo del aire** y **positivo de la tierra**. — Grupo **D**: Aspecto **negativo de la tierra** y **positivo del fuego**.

141

Es muy importante que se siga esta distribución, para que así el debate se haga más extenso y no haya grupos que no participen en un determinado aspecto.

Los alumnos preparan una argumentación exhaustiva de defensa de sus aspectos, siguiendo el esquema que a continuación se propone y usando los elementos del MF-2:

— Resumir y describir el aspecto que se quiere defender, con una frase clara y contundente, que puede ser un refrán adaptado o una expresión o frase coloquial.
— Señalar las posibles causas y consecuencias de la existencia o no existencia de ese aspecto, para demostrar su utilidad o nulidad, según sea el caso (*si vamos a defender, por ejemplo, que el agua es un elemento de destrucción porque causa desastres, defenderemos la no necesidad del agua*).
— Ejemplificar con datos.
— Conclusión.

5. Se exponen todas las argumentaciones y se inicia un debate con turno de palabra. Entre todos deciden qué argumentación les ha parecido mejor. Como premio, todos los alumnos elaboran un mural empleando como título esa frase inicial contundente que el grupo ha utilizado para presentar su exposición. Cada alumno deberá escribir en su casa algo relativo al tema.

Ejemplo:

Acepciones elegidas de la palabra *agua*: **1.** Positiva: agua = *purificación* **2.** Negativa: agua = *contaminación*.

Argumentación de **1**: *Ya lo dice la frase: "Está claro como el agua". En esta expresión el agua es utilizada como modelo de pureza. Cuando hablamos, siempre queremos que todo sea como el agua y si no existiera ésta, no existiría la limpieza, no habría higiene, no podríamos vivir. Pongamos como ejemplo la Biblia: Cuando a Egipto le faltó el agua, la ciudad era un caos: la gente se peleaba, se contagiaba y se organizaban grandes rebeliones. Pero llegó el agua y todo se solucionó. ....*

Variante:

Cuando se ha realizado esta actividad en clase, ha servido como introducción para un posterior trabajo dedicado a cada elemento. Cada semana se dedicó a uno de ellos y los alumnos, durante los cinco primeros minutos de la clase, debían contar o hablar de algo relacionado con el elemento de la semana. La recepción, participación e imaginación de los alumnos resultó asombrosa. Por ejemplo, en la semana dedicada a la tierra, un alumno contó cómo había que plantar un árbol correctamente. En la semana dedicada al agua, un alumno trajo información exacta de la cantidad de agua que se gastaba en Málaga por habitante. Aunque no se les obligó a nada, se sintieron motivados a hacer este tipo de cosas.

MF-1: Textos en los que se incluyen el agua, la tierra, el aire y el fuego:

TIERRA

1. Escrito con mayúscula, planeta que habitamos. **2**. Superficie del planeta. **3**. Materia inorgánica, principal componente del suelo natural. **4**. Suelo, piso (*Tropezó y cayó en el suelo*) .... *Diccionario Anaya de la Lengua.*	*Trajo la piel de vaca al patio, la tendió sobre el palo, la estiró y ajustó las puntas con clavos sobre la tierra.* J.M. Arguedas, *Selección.*
Ante la presencia de Dios, temblará la Tierra. *La Biblia.*	*Vuestro Dios os ha dado esta tierra para que la poseáis ...* *La Biblia.*
Los pueblos antiguos observaban curiosamente el Sol, la Luna y las estrellas y, por ello, llegaron a la conclusión de que los cuerpos celestes parecen moverse de forma regular. Este hecho es útil para definir el tiempo y la dirección sobre la Tierra.	*Abel era pastor y su hermano Caín cultivaba la tierra. Ambos hermanos hicieron una ofrenda a Dios: Abel ofreció el primogénito de su rebaño y Caín, los primeros frutos de su cosecha.*
Había ese año 648.000 personas trabajando en la agricultura. De esas, una de cada seis es propietaria de la tierra que trabaja, ... Jorge Ahumada, *En vez de la miseria.*	*... pero en lo que se refiere a la sepultura, eres un necio si piensas que me preocupa pudrirme encima o debajo de tierra ...* Séneca, *De la tranquilidad del Ánimo.*

FUEGO

Perú había conseguido la victoria en el asalto a Tiwinza y eso le permitía decretar el cese unilateral del fuego. Desco, *Resúmenes semanales noticias de Perú.*	La adoración al fuego fue muy importante en la antigua secta *parsi* de Persia.	Del latín, FOCUS : Sustantivo masculino. **1**. Calor y luz que producen las cosas en combustión. **2**. Materia en combustión. **3**. Incendio. **4**. Resultado de disparar (*Fuego a discreción*) , ... *Diccionario Anaya de la Lengua.*
Un sacerdote anónimo escribió un poema que describe la destrucción del mundo por el fuego el día del Juicio Final.	Afrodita: Diosa del amor y de la belleza. En las leyendas se la describe saliendo de la espuma del mar. Afrodita es la mujer de Hefesto, el feo y cojo dios del fuego.	*La acción de inconstitucionalidad presentada el 1 de julio en Arequipa (...) es una prueba de fuego para el Tribunal Constitucional ...* Desco, *Resúmenes semanales noticias del Perú.*
Pondré mi rostro contra ellos: del fuego salieron y el fuego los consumirá ... *La Biblia.*	*Para ser rico es necesario que compres oro fundido en fuego ...* *La Biblia.*	*Los israelitas hicieron mucho fuego, para que subiese gran humo de la ciudad ...* *La Biblia.*

AIRE

1. Mezcla gaseosa, compuesta en su mayor parte por oxígeno y nitrógeno y, además, pequeñas cantidades de argón, ácido carbónico y vapor de agua, que forma la atmósfera terrestre. *Diccionario Anaya de la Lengua.*	El águila real se ha considerado desde tiempos antiguos un símbolo de valor y poder, debido a su gran tamaño, su destreza en el aire y lo inaccesibles que resultan los lugares donde establece sus nidos.	*Sacó de las bolsas montones de vestidos multicolores, de percal, de seda y algodón. El hombre se inclinó y, uno por uno, sacudiéndolos en el aire para que se extendieran, fue enseñándolos a la mujer...* Marta Jara, *El hombrecito.*	Nudismo: *Práctica de las personas que exponen su cuerpo al sol y al aire para sentirse más cerca de la naturaleza.* *Diccionario Anaya de la Lengua.*
El areópago era el antiguo tribunal griego que estaba situado en una colina baja y rocosa. Sus miembros se reunían al aire libre para solucionar los problemas.	*Las ideas, cuando están recién nacidas, hay que mantenerlas al abrigo tibio de la mente, y no exponerlas al flujo del aire, para que no perezcan,...* Pérez-Franco, *Pensamientos.*	*Gertrudis fue confeccionando diferentes modelos para la muñeca: un elegante traje de chaqueta, (...) un vestido de noche con los hombros al aire ...* Enrique Fernández, *La muñeca.*	El abanico es un instrumento empleado para mover el aire y aliviar la sensación de calor. A lo largo de la historia y en las diversas regiones cálidas del planeta han variado de tamaño, forma y materiales de fabricación.
Los pasajeros se dieron la vuelta para oír lo que yo iba a decir. (...) Entonces abrí la boca bien grande y tomando aire como si fuese a decir algo muy importante, dije "si no le molesta, yo también bajo acá ..." J. Gil J., *Binaria. Letralia.* *Tierra de letras.*	*Recuerdo los tiempos en que bastaba una ráfaga, un súbito torbellino o un bache de aire para poner en peligro a un aparato. Eso ocurría antes de que aprendiéramos a dotar a nues-tros aeroplanos de motores potentes ...* Arthur Conan Doyle, *Selección.*	*La paloma comprende que no puede llegar con su carga de madre en el pico. Ve abajo un carro que puede servirle de apoyo y refugio. Hace dos círculos en el aire para descender ...* Antonio Di Benedetto, *Cuentos.*	*Martín tiene el aire huraño de sus antepasados. Vaga por la ciudad sin querer irse a la cama. No lleva encima ni una perra gorda.* C. J. Cela, *La Colmena.*

AGUA

AGUA: Líquido formado por la combinación de una parte de oxígeno con dos de hidrógeno, inodoro, insípido, incoloro en pequeñas proporciones y azulado en grandes masas ... *Diccionario Anaya de la Lengua.*	*Y habrá allí seis tinajas para agua ...* *La Biblia.*	*Los que habitaban en barcas o sobre construcciones de madera enclavadas en el lago y los habitantes de Tolmayecán se fueron por el agua. A unos les llegaba el agua hasta el pecho, a otros hasta el cuello y otros se ahogaron en el agua más profunda.* UNAM, *Visión de los vencidos (Relaciones indígenas de la conquista).*	El agua bendita está bendecida por un obispo o sacerdote y prescrita para el rito en las liturgias de algunas confesiones cristianas. La utilización ceremonial del agua, un agente natural que simboliza la purificación interior, aparece en numerosas religiones.
Anduvieron siete días por el desierto y por eso les faltó el agua para el ejército y para las bestias ... *La Biblia.*	Aba es una importante ciudad del sureste de Nigeria, que se levanta a orillas del río Aba. La ciudad cuenta con ferrocarril y un importante nudo de carreteras. Entre sus productos industriales destacan los textiles, el jabón, los medicamentos, el calzado y el agua mineral.	*Seguimos caminando por un cañón que baja hacia el Sur en una zona de bastante agua. Después nos encontramos con Pablito, que avisó de que estábamos en la desembocadura del río Suspiro.* Ché Guevara, *Diario en Bolivia.*	*Tuvimos noticias de que el jeep se encangrejaba por falta de agua (...) Con una cantimplora pudimos llenar el tanque y así llegamos a un lugar donde nos esperaban ...* Ché Guevara, *Diario en Bolivia.*
Empujaron la barca, botándola al agua. Cogiendo los remos, se hicieron a la mar. Marta Jara, *Surazo.*	Acuario es el undécimo signo del zodíaco, simbolizado por el aguador que derrama agua de su ánfora. Según los astrólogos, las personas nacidas entre el 20 de enero y el 18 de febrero pertenecen a este signo.	Abidos era una antigua ciudad egipcia en la orilla occidental del río Nilo, situada a 160 kilómetros aguas abajo desde Tebas.	*Su cabeza seguía erguida, su mirada fija en la distancia, siguió buscando el agua, que nunca apareció y buscando algo sobre el horizonte, que nunca se materializó. Pensó que había puesto agua para el mate y quiso volver para apagar el gas ...* Óscar Sarasky, *The Storm.*

MF-2: Cuadro para la argumentación:

ARGUMENTACIÓN			
Iniciar los diferentes argumentos:	**Causas y consecuencias:**	**Introducir ejemplos:**	**Para concluir:**
— Voy a demostrar... — Para empezar... — En priimer lugar ... — Empecemos por ... — En segundo lugar... — Hay que añadir que ... — Cabe agregar ... — Por otra parte... — Además hay que decir ...	— porque... — ya que... — dado que... — debido a que... — como... — puesto que ... — así pues, — por eso... — por tanto... — luego ... — tan... que; tanto... que — en consecuencia, — por lo que... — eso demuestra que ... — de ahí deducimos ...	— a modo de ejemplo ... — como ejemplo ... — como se puede verificar o comprobar ... — eso ilustra lo que decimos, — pensemos en ... — pongamos por caso: — prueba de ello es ... — razón de peso es ... — sirva como ejemplo: — podemos citar como ejemplo... — un caso evidente es...	— En conclusión ... — Podemos concluir diciendo que ... — En resumen ... — Para concluir ... — Para finalizar ... — En pocas palabras ... — Como conclusión ... — Es posible concluir ...

10. ¿Empresarios?

1. Clasificación:	Conversación

2. Destrezas: ✓ Expresión oral. ✓ Comprensión escrita. ✓ Expresión escrita. ✓ Comprensión oral.	**3. Nivel:** ✓ Superior.
4. Duración: Dos sesiones de 50 minutos.	**5. Organización:** ✓ En grupos. ✓ Toda la clase.
6. Material: ✓ Documentación sobre: autoempleo (*Vid.* MF-1), pasos legales (*Vid.* MF-2), subvenciones (*Vid.* MF-3), franquicia (*Vid* MF- 4).	**7. Objetivos:** ✓ Comunicativos: Argumentar. ✓ Lingüísticos: Práctica de todos los contenidos gramaticales y léxicos vistos hasta ahora. ✓ Culturales: — Conocer la infraestructura del mundo laboral y la creación de empresas. — Ayudas y subvenciones sociales.

Desarrollo de la actividad:

Libre

1. El docente explica a los alumnos que van a montar una empresa; es decir, a crear un negocio para obtener beneficios, lanzando al mercado un producto original que sea atrayente para los consumidores. Se intenta proyectar una empresa que ofrezca algo nuevo, diferente, y que supla una carencia dentro del mundo comercial. Para crear "nuestra empresa" vamos a tener en tres condicionantes: **1.** La ubicación de la empresa (dentro de la Unión Europea), **2.** El tipo de empresa y **3.** El producto.

Se divide a los alumnos en cuatro grupos, y cada uno elabora su proyecto en 20 minutos.

2. Los grupos exponen sus proyectos explicando y argumentando por qué han montado esa empresa y si el producto que venden tiene salida. De entre todos los proyectos que se han presentado, se elige el mejor, aunque se puedan tomar aspectos de varios grupos: ubicación de uno, tipo de empresa de otro...

Ya tenemos fijados los tres elementos básicos. Ya tenemos empresa.

3. Se vuelve a reunir a los grupos iniciales y se da a cada uno una parte del MF, o sea, grupo **A**: MF-1; grupo **B**: MF-2; grupo **C**: MF-3 y grupo **D** : MF-4.

Los alumnos leen los textos y, tras un tiempo prudencial, cada grupo explica al resto de la clase lo que allí se dice, y la posibilidad de usar esa información en nuestra empresa. Cuando todos hayan intrevenido, toda la clase discute la conveniencia o no de invertir, ampliar con otras sucursales, pedir créditos, etcétera.

Ejemplo:

Un grupo defiende oralmente este proyecto:

> Tipo de empresa: *bar.*
> Producto especial: *tortilla de patata.*
> Ubicación: *Italia.*

Nosotros hemos decidido montar un bar de tapas en Italia, ofreciendo como especialidad la tortilla de patatas. Entre las causas que justifican esta elección están las siguientes:

— *Dieta afín a la española (todos sabemos que existe la dieta mediterránea).*

— *Clima parecido, que favorece la salida de la gente y por tanto, el éxito del negocio.*

— *Los ingredientes necesarios para la elaboración del producto estrella son fáciles de conseguir, puesto que Italia posee los mismos productos agrícolas que España (aceite de oliva).*

— *La infraestructura económica del país es equivalente a la española.*

Comparación de los resultados con el artículo:

GRUPO B:
Hemos leído la información legal que se necesita para montar una empresa y creemos que lo primero que tenemos que hacer es elegir un nombre, ya que hay que registrarla. También tenemos que elaborar unos estatutos.

GRUPO C:
Después de leer esta información, pensamos que podemos pedir ayudas al gobierno por ser menores de treinta años...

Iniciativa y autoempleo

Pan y Periódico a domicilio.

Mercado: *personas que vivan en zonas residenciales alejadas del centro de la ciudad.*
Gastos: *una furgoneta de segunda mano e impresos para buzoneo.*   Total: 606.000 ptas.
Rentabilidad: *barra de pan* (25 ptas. y se vende a 50 ptas.).
          periódico (125 ptas. y se vende a 150 ptas.).
Ventajas: *sólo 2 horas de reparto y unas 150.000 ptas al mes.*
Inconvenientes: *necesidad de un ayudante (menos ingresos) y ningún día de fiesta libre.*

Pasear perros del vecindario.

Mercado: *personas con poco tiempo libre. Zonas residenciales.*
Gastos: *contestador automático. Impresos para buzoneo.*   Total: 16.000 ptas.
Rentabilidad: *a 500 ptas la hora, unas 2.000 `ptas. al día.*
Ventajas: *si sacas a pasear a varios perros a la vez y de diferentes dueños, saldrás ganando.*
Incovenientes: *gastos de desplazamiento.*

Ocio y entretenimiento.

Organización de viajes de aventura: *asesorar y coordinar a personas con ganas de iniciar una aventura. Esto está muy en auge.*
Animador sociocultural*: necesario en fiestas de cumpleaños y otras celebraciones.*
Coordinador de recepciones: *responsable del éxito de una reunión profesional.*
Alquiler de instrumentos musicales: *muy útil ante un recital inesperado o tras la rotura de un instrumento particular.*
Alquiler de acuarios: *para recepciones a las que se les quiere dar un toque especial.*

Atención a la tercera edad.

Acompañamiento de ancianos: *acompañar y pasear a ancianos que viven solos y requieren ayuda.*
Comida por encargo y cesta de compra a domicilio*: servicio para personas con problemas de movilidad.*
Pruebas médicas a domicilio: *ocupación idónea para asistentes sanitarios.*
Asistencia a personas aisladas: *servicio de compañía y alimentación a ancianos que viven lejos de núcleos urbanos.*

MF-2: Pasos legales necesarios:

El recorrido básico que se realiza para montar una pequeña y mediana empresa suele ser bastante largo y resulta costoso. Normalmente nos lleva un tiempo de unos cuatro meses y nos supone un coste de unos dos millones de ptas.

1. Comprobar si el nombre de la empresa ya está registrado en el Registro Mercantil. Precio: gratuito. Trámite: Una semana.
2. Redacción de los estatutos de la sociedad en un bufete de abogados. Precio: unas 30.000 ptas. Trámite: Una semana.
3. Presentar los estatutos en un notario. Precio: 50.000 ptas. Trámite: una semana.
4. Pago del Impuesto de Transmisiones Patrimoniales en una agencia tributaria. Precio: 1% del capital de la sociedad. Trámite: En el acto.
5. Declaración Censal y del Código de Identificación Fiscal (N.I.F.) en la correspondiente Delegación Provincial de la Agencia Tributaria. Precio: gratuito. Trámite: En el acto.
6. Registro de la Escritura en el Registro Mercantil. Precio: unas 50.000 ptas. Trámite: Un mes.
7. Pago del Impuesto de Actividades Económicas (I.A.E.) en la correspondiente Delegación de Hacienda. Precio: desde las 25.000, hasta el millón de ptas. Trámite: Un día.
8. Alta de la seguridad social en la Delegación Provincial de este organismo. Precio: gratuito. Trámite: Un día.
9. Alta de los posibles trabajadores de la empresa en la correspondiente Delegación Provincial de la Seguridad Social. Precio: gratuito. Trámite: Un día.
10. Registro de Apertura del Centro de Trabajo en la correspondiente Dirección Provincial de Trabajo. Precio: unas 3.000 pesetas. Trámite: Un día.
11. Licencia de apertura del centro de trabajo en el correspondiente Ayuntamiento. Precio de un local de entre 100 y 500 metros cuadrados: unas 75.000 pesetas. Trámite: Tres meses.
12. Declaración de la renta anual.

Información: 900 333 555

MF-3: Subvenciones y ayudas:

El Ministerio de Trabajo y Seguridad Social, a través del INEM (Instituto Nacional de Empleo), apoya la creación de autoempleo, subvencionando hasta con un millón de ptas.

Los jóvenes menores de 30 años pueden recibir subvenciones entre las 400.000 y las 800.000 ptas. Esa cantidad varía según sea la categoría del puesto de trabajo y la Comunidad Autónoma.

Las inversiones en activos fijos, es decir, maquinarias, obras, etc., reciben subvenciones de entre un 20 y un 30%.
Paralelamente algunas Comunidades Autónomas ofrecen préstamos subvencionados con una reducción de intereses de hasta el 5 %.

Las líneas preferenciales de crédito se caracterizan porque conceden entre el 60 y el 80 % del crédito a un tipo de interés bonificado de hasta 6 puntos, con plazo de amortización de 4 a 8 años y períodos de carencia en el pago de intereses de uno a dos años.

Información:
— **Ministerio de Trabajo y Seguridad Social: 91 – 553 60 00.**
— **Instituto Nacional de Empleo (INEM): 91 – 585 98 88.**
— **Oficina de Información de la Comisión Europea: 91- 431 57 11**
— **INFOIMPI (servicio de información del Instituto de la Pequeña**
  y Mediana Empresa Industrial): 900 19 00 92
— **Subvenciones SGS (información sobre subvenciones): 91- 495 10 04.**

La Franquicia: una opción muy interesante

La Franquicia permite integrarse en una empresa famosa y conocida aprovechando su experiencia comercial, pero manteniendo la independencia en la gestión del negocio. Económicamente resulta algo más cara que el autoempleo, se puede situar su precio entre las 300.000 ptas. y los 90 millones. La cantidad a desembolsar dependerá de la firma, pero por menos de dos millones no se tiene asegurado un buen rendimiento.

— **Requisitos económicos**:
    a. El canon de entrada: cantidad fija que el franquiciador exige por usar su marca.
    b. *Royalti* de explotación: cantidad que paga el franquiciado y que está entre el 2 y el 6 % sobre la facturación anual conseguida, una vez puesto en marcha el negocio.
    c. El canon de publicidad: cantidad que anualmente se paga para gastos de promoción empresarial.

— **Pasos que hay que dar**:
    a) Para crear una empresa de este tipo se tendrán en cuenta el perfil del cliente, su nivel de estudios, su capacidad económica y la zona en la que se quiere ubicar el negocio.
    b) Se entra en contacto con el franquiciador, enviando un *dossier* con información de la empresa. Deben figurar datos referentes a su historia, el número de establecimientos y la cuenta de explotación a tres años vista, para ver la rentabilidad del negocio.
    c) Hay que estudiar bien el contrato. Para ello se tienen veinte días antes de firmarlo; después sólo hay que pagar el Impuesto de Actividades Económicas (I.A.E.).

NOMBRE DE LA ACTIVIDAD	CLASIFICACIÓN	DESTREZAS				NIVELES	DURACIÓN	ORGANIZACIÓN
		COM. ORAL	COM. ESC.	EXP. ORAL	EXP. ESC.			
Te veo así	GRAMÁTICA	X		X	X	ELEMENTAL	50 min.	TODA LA CLASE INDIVIDUAL
Mi habitación	GRAMÁTICA	X		X		ELEMENTAL	50 min.	TODA LA CLASE
¡Eres más bueno que el pan!	GRAMÁTICA	X		X	X	ELEMENTAL BÁSICO	50 min.	TODA LA CLASE PAREJAS
El dominó de la lengua	GRAMATICA	X		X	X	ELEMENTAL BÁSICO	50 min.	EN GRUPOS DE TRES PERSONAS
Los disparates	GRAMATICA	X		X		BÁSICO	25 min.	TODA LA CLASE
Nuestra historia	GRAMÁTICA	X		X	X	BÁSICO MEDIO	55 min.	TODA LA CLASE INDIVIDUAL
¿Los vecinos?	GRAMÁTICA	X		X	X	MEDIO	50 min.	INDIVIDUAL TODA LA CLASE
Nos gusta que te guste	GRAMÁTICA		X	X	X	MEDIO	100 min.	TODA LA CLASE PAREJAS
¡Qué borrón!	GRAMÁTICA	X		X	X	MEDIO SUPERIOR	100 min.	TODA LA CLASE PAREJAS
¡Corre, que se va...!	GRAMÁTICA	X	X	X	X	MEDIO SUPERIOR	100 min.	TODA LA CLASE INDIVIDUAL PAREJAS
Dime de qué estoy hablando	VOCABULARIO	X		X		ELEMENTAL BÁSICO	30 min.	PAREJAS
La bolsa y la palabra	VOCABULARIO	X		X	X	ELEMENTAL BÁSICO	50 min.	TODA LA CLASE
Parejas imposibes	VOCABULARIO	X		X		ELEMENTAL BÁSICO	50 min.	TODA LA CLASE EN GRUPOS
Del gazpacho, el tomate	VOCABULARIO	X	X	X	X	BÁSICO MEDIO	50 min.	TODA LA CLASE INDIVIDUAL
¿Cuándo hago el ganso?	VOCABULARIO	X		X		MEDIO SUPERIOR	50 min.	TODA LA CLASE
La pescadilla que se muerde la cola	VOCABULARIO	X	X	X		SUPERIOR	100 min.	PAREJAS TODA LA CLASE
Los falsos sabios	VOCABULARIO	X		X	X	SUPERIOR	50 min.	INDIVIDUAL TODA LA CLASE (O EN GRUPOS)
¿Y si digo...?	VOCABULARIO	X	X	X	X	SUPERIOR	100 min.	PAREJAS TODA LA CLASE INDIVIDUAL
No las digas	VOCABULARIO	X	X	X		SUPERIOR	50 min.	EN GRUPOS PEQUEÑOS
Como anillo al dedo	VOCABULARIO	X	X	X		SUPERIOR	50 min.	PAREJAS TODA LA CLASE
El calendario de Adviento	CONVERSACIÓN	X	X	X	X	ELEMENTAL BÁSICO MEDIO	100 min.	PAREJAS O EN GRUPOS
Compara la noticia	CONVERSACIÓN	X	X	X	X	MEDIO SUPERIOR	100 min.	EN GRUPOS TODA LA CLASE INDIVIDUAL
Antes y ahora	CONVERSACIÓN	X		X	X	MEDIO SUPERIOR	100 min.	TODA LA CLASE EN GRUPOS
Carta a una madre desesperada	CONVERSACIÓN	X	X	X	X	MEDIO SUPERIOR	100 min.	TODA LA CLASE EN GRUPOS INDIVIDUAL
Tópicos típicos	CONVERSACIÓN	X	X	X	X	MEDIO SUPERIOR	100 min.	TODA LA CLASE EN GRUPOS
Conocer a famosos	CONVERSACIÓN	X	X	X		MEDIO SUPERIOR	50 min.	TODA LA CLASE
Estaba prohibido	CONVERSACIÓN	X	X	X	X	MEDIO SUPERIOR	150 min.	INDIVIDUAL TODA LA CLASE
Costumbres culinarias	CONVERSACIÓN	X	X	X	X	MEDIO SUPERIOR	100 min.	EN GRUPOS PEQUEÑOS
Agua, tierra, fuego y aire	CONVERSACIÓN	X	X	X	X	SUPERIOR	100 min.	EN GRUPOS TODA LA CLASE
¿Empresarios?	CONVERSACIÓN	X	X	X	X	SUPERIOR	100 min.	EN GRUPOS TODA LA CLASE

ACTIVIDADES CLASIFICADAS POR NIVELES

ACTIVIDADES CLASIFICADAS POR OBJETIVOS

ACTIVIDAD	OBJETIVOS LINGÜÍSTICOS		OBJETIVOS COMUNICATIVOS	OBJETIVOS CULTURALES
	gramaticales	léxicos		
Te veo así	– Presente irregular.	– Adjetivos para describir.	– Preguntar y responder. – Manifestar la opinión. – Descripción de personas.	
Mi habitación	– *Ser / estar / hay* – Preposiciones y locuciones básicas.	– Vocabulario de la casa.	– Caracterizar, definir y situar.	– Conocer diferentes tipos de casas.
¡Eres más bueno que el pan!	– Estructuras de la comparación. – El presente. – *Ser* y *estar*.	– Adjetivos y expresiones para la descripción física y del carácter.	– Caracterización de personas.	– Expresiones, y frases hechas relacionadas con la caracterización.
El dominó de la lengua	– Presente. – *Ser / estar / hay*. – Estructuras interrogativas. – Preposiciones básicas.	– Verbos de uso cotidiano.	– Formular preguntas coherentes. – Reaccionar.	– Juego típico.
Los disparates	– Estilos directos o indirecto *(Dice que..., me responde que...)*. – Estructuras interrogativas. – Los pronombres. – El pretérito perfecto.	– Vocabulario básico de diferentes campos (comida, diversión, hechos cotidianos...).	– Formulación de preguntas. – Reaccionar.	– Juegos populares.
Nuestra historia	– Los pasados. – Conectores temporales.	– Acciones, sucesos, lugares, medios de transporte...	– Contar una historia ordenadamente.	
¿Los vecinos?	– El condicional simple. – El imperfecto de subjuntivo. – Adjetivos y pronombres posesivos.	– Profesiones. – Familia. – Costumbres.	– Manifestar opinión. – Argumentar.	– El comportamiento social en diferentes países.
Nos gusta que te guste	– Estructuras subordinadas sustantivas: *Está claro que..., No está claro que...* – Causales *(porque, ya que, ...)*.	– Gustos y preferencias.	– Manifestar opinión y gustos. – Relacionar hechos.	
¡Qué borrón!	– El presente y los pasados. – El futuro y el condicional.	– Diferentes campos léxicos: aeropuerto, diversión, banco, coche,...	– Contar historias oralmente. – Describir.	
¡Corre, que se va...!	– El imperativo.	– La familia. – Los viajes. – El servicio militar.	– Dar órdenes en diferentes registros. – Describir. – Formular preguntas.	– El uso de la orden en diferentes situaciones. – Imperativos lexicalizados.
Dime de qué estoy hablando	– *Ser / estar*. – Preposiciones básicas *(en, para)*. – Concordancia de género y número.	– Animales. – Profesionales. – Utensilios de la casa. – Complementos de vestir. – Economía básica. – Hospital.		
La bolsa y la palabra	– Concordancia. – Práctica del presente. – Preposiciones.	– Compras cotidianas. – Refranes (nivel superior). – Expresiones.	– Relacionar frases.	
Parejas imposibles	– El presente. – *Ser / estar*.	– La ropa. – Adjeteivos para la descripción.	– Caracterizar y describir a personas.	
Del gazpacho el tomate	– Proposiciones subordinadas condicionadas *(Si voy..., Si fuera...)*. – Proposiciones subordinadas causales *(...porque..., ya que...)*.	– Países – Flores y frutas – Comidas – Objetos cotidianos	– Definir. – Argumentar.	– Países hispanoamericanos.

ACTIVIDAD	OBJETIVOS LINGÜÍSTICOS		OBJETIVOS COMUNICATIVOS	OBJETIVOS CULTURALES
	gramaticales	léxicos		
¿Cuándo hago el ganso?	– Preposiciones subordinadas condicionales.	– Expresiones coloquiales relacionadas con el comportamiento.	– Reaccionar. – Argumentar.	– Diferencias culturales en el uso de expresiones coloquiales.
La pescadilla que se muerte la cola	– Repaso de morfología nominal y verbal. – Estructuras subordinadas complejas.	– Ecología. – Mundo laboral. – Enfermedad. – Sucesos. – Medios de comunicación.	– Reaccionar ante hechos.	– Música española.
Los falsos sabios	– Repaso de morfología nominal y verbal. – Estructuras subordinadas complejas.	– Industria. – Ganadería. – Pesca. – Adjetivos en -*able, ible*. – Expresiones.	– Definir en registro formal y correcto.	
¿Y si digo...?	– Presente. – Pretérito perfecto. – Pronombres. – Subordinada adverbial condicional del primer tipo (*si* + presente de indicativo...).	– Arte. – Espectáculos. – Deportes. – El tiempo meteorológico.	– Pedir información. – Dar y pedir opinión. – Manifestar acuerdo y desacuerdo.	
No las digas	– Estructuras comparativas adverbiales. – Morfología verbal.	– Sustantivos abstractos.	– Formular preguntas. – Exponer ideas coherentes.	
Como anillo al dedo	– Morfología verbal completa. – Estructuras complejas subordinadas.	– Expresiones coloquiales: – Banco — Familia – Trabajo — Casa – Tiendas — Ocio	– Reaccionar usando expresiones coloquiales.	– Expresiones coloquiales en distintas situaciones.
El calendario de Adviento	– Repaso de estructuras gramaticales básicas (morfología nominal y verbal).	– Navidad. – Fiesta. – Léxico cotidiano.	– Formular preguntas. – Adivinanzas.	– Tradiciones navideñas.
Compara la noticia	– Repaso de morfología verbal y nominal. – Estructuras complejas subordinadas.	– Economía. – Sociedad. – Cultura.	– Argumentar mediante comparación y contraste.	– Periódicos y lenguaje periodístico.
Antes y ahora	– Presente. – Pasados. – Conectores para la comparación.	– Publicidad.	– Describir. – Argumentar con causas, consecuencias, ejemplos y conclusiones.	– La publicidad en diferentes épocas y países.
Carta a una madre desesperada	– Imperativo. – Subjuntivo en subordinadas sustantivas.	– Enfermedades psicológicas.	– Cartas formales. – Definición y explicación de hechos abstractos.	– Problemas psicológicos en distintos países (aceptación y tratamiento).
Tópicos típicos	– Condicional. – Estructuras condicionales. – Subjuntivo en subordinadas sustantivas (verbos de consejo).	– Adjetivos para definir el carácter y el físico.	– Mostrar y pedir opinión.	– Costumbres y hechos cotidianos en diferentes países.
Conocer a famosos	– Presente. – Pasados. – Conectores temporales.	– Verbos para biografías.	– Narrar biografías.	– Escritores y artistas hispanoamericanos, españoles y de distintos países.
Estaba prohibido	– Pasados (con especial atención al imperfecto). – Estructuras comparativas. – Estructuras subordinadas sustantivas en pasado (*Estaba prohibido que...*).	– Vida social, política y cultural.	– Resumir. – Explicar un hecho. – Comparar. – Dar o pedir opinión.	– Época de la Historia de España y comparación con otros países.

158

| ACTIVIDAD | OBJETIVOS LINGÜÍSTICOS | | OBJETIVOS COMUNICATIVOS | OBJETIVOS CULTURALES |
	gramaticales	léxicos		
Costumbres culinarias	– Repaso de la morfología verbal y nominal. – Estructuras complejas. – Conectores de la frecuencia.	– Alimentación. – Costumbres culinarias.	– Comunicar la frecuencia. – Elaboración de encuestas.	– Costumbres culinarias.
Agua, tierra, fuego y aire	– Repaso de morfología verbal y nominal. – Estructuras complejas.	– Campos semánticos de la tierra, el aire, el fuego y el agua.	– Argumentar. – Ejemplificar. – Citar. – Comparar.	
¿Empresarios?	– Práctica de todos los contenidos gramaticales. – Estructuras subordinadas complejas (con indicativo y subjuntivo).	– Economía.	– Definir. – Argumentar mediante comparación.	– El mundo laboral. – El mundo empresarial.